我爱科学

地理大世界

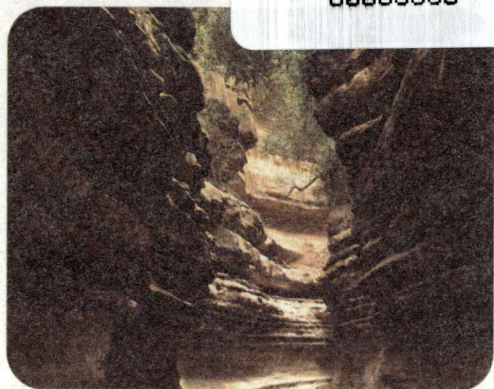

地球的魔术

奇妙的地理现象

DIQIUDE
MOSHU
QIMIAODE
DILIXIANXIANG

主编◎邵丽鸥

吉林出版集团 吉林美术出版社 | 全国百佳图书出版单位

图书在版编目（ＣＩＰ）数据

地球的魔术：奇妙的地理现象 / 邵丽鸥编. —— 长春：吉林美术出版社，2014.1（地理大世界）
ISBN 978-7-5386-7791-1

Ⅰ. ①地… Ⅱ. ①邵… Ⅲ. ①地理学—青年读物 ②地理学—少年读物 Ⅳ. ①K9-49

中国版本图书馆CIP数据核字(2013)第301252号

地球的魔术奇妙的地理现象

编　　著	邵丽鸥
策　　划	宋鑫磊
出 版 人	赵国强
责任编辑	赵　凯
封面设计	赵丽丽
开　　本	889mm×1 194mm　1 / 16
字　　数	100千字
印　　张	12
版　　次	2014年1月第1版
印　　次	2015年5月第2次印刷
出　　版	吉林美术出版社　吉林银声音像出版社
发　　行	吉林银声音像出版社发行部
电　　话	0431-88028510
印　　刷	三河市燕春印务有限公司

ISBN 978-7-5386-7791-1
定　　价　　39.80元

在人类生态系统中，一切被生物和人类的生存、繁衍和发展所利用的物质、能量、信息、时间和空间，都可以视为生物和人类的生态资源。

地球上的生态资源包括水资源、土地资源、森林资源、生物资源、气候资源、海洋资源等。

水是人类及一切生物赖以生存的必不可少的重要物质，是工农业生产、经济发展和环境改善不可替代的极为宝贵的自然资源。

土地资源指目前或可预见到的将来，可供农、林、牧业或其他各业利用的土地，是人类生存的基本资料和劳动对象。

森林资源是地球上最重要的资源之一，它享有太多的美称：人类文化的摇篮、大自然的装饰美化师、野生动植物的天堂、绿色宝库、天然氧气制造厂、绿色的银行、天然的调节器、煤炭的鼻祖、天然的储水池、防风的长城、天然的吸尘器、城市的肺脏、自然界的防疫员、天然的隔音墙，等等。

生物资源是指生物圈中对人类具有一定经济价值的动物、植物、微生物有机体以及由它们所组成的生物群落。它包括基因、物种以及生态系统三个层次，对人类具有一定的现实和潜在价值，它们是地球上生物多样性的物质体现。

气候资源是指能为人类经济活动所利用的光能、热量、水分与风能等，是一种可利用的再生资源。它取之不尽又是不可替代的，可以为人类的物质财富生产过程提供原材料和能源。

海洋是生命的摇篮，海洋资源是与海水水体及海底、海面本身有着直接

FOREWORD

关系的物质和能量。包括海水中生存的生物，溶解于海水中的化学元素，海水波浪、潮汐及海流所产生的能量、贮存的热量，滨海、大陆架及深海海底所蕴藏的矿产资源，以及海水所形成的压力差、浓度差等。

人类可利用资源又可分为可再生资源和不可再生资源。可再生资源是指被人类开发利用一次后，在一定时间（一年内或数十年内）通过天然或人工活动可以循环地自然生成、生长、繁衍，有的还可不断增加储量的物质资源，它包括地表水、土壤、植物、动物、水生生物、微生物、森林、草原、空气、阳光（太阳能）、气候资源和海洋资源等。但其中的动物、植物、水生生物、微生物的生长和繁衍受人类造成的环境影响的制约。不可再生资源是指被人类开发利用一次后，在相当长的时间（千百万年以内）不可自然形成或产生的物质资源，它包括自然界的各种金属矿物、非金属矿物、岩石、固体燃料（煤炭、石煤、泥炭）、液体燃料（石油）、气体燃料（天然气）等，甚至包括地下的矿泉水，因为它是雨水渗入地下深处，经过几十年，甚至几百年与矿物接触反应后的产物。

地球孕育了人类，人类不断利用和消耗各种资源，随着人口不断增加和工业发展，地球对人类的负载变得越来越沉重。因此增强人们善待地球、保护资源的意识，并要求全人类积极投身于保护资源的行动中刻不容缓。

保护资源就是保护我们自己，破坏浪费资源就是自掘坟墓。保护资源随时随地可行，从节约一滴水、少用一个塑料袋开始……

CONTENTS

奇特的地貌

稀奇古怪的陆地

光怪陆离的海洋

奇妙的湖泊泉水岛屿

奇异的岩石

神秘的峡谷

不可思议的动植物

奇特的地貌

地貌即地球表面各种形态的总称,也叫地形。地表形态是多种多样的,成因也不尽相同,是内、外力地质作用对地壳综合作用的结果。按其自然形态可分为高原、山地、丘陵、平原、盆地等。地球上有很多奇特的地貌,仿佛并不是大自然的产物,而是直接从科幻小说或科幻影片复制过来的,为地球增加了浓重的神秘色彩。

由流水侵蚀而成的土林以及远远望去一支支、一座座、一丛丛巨大的灰黑色石峰、石柱形成的喀斯特地貌,犹如一片莽莽苍苍的黑森林;典型的风蚀性地貌雅丹,外观如同古城堡,像是魔鬼城;由陆相红色砂砾岩构成的具有陡峭坡面的丹霞地貌,像"玫瑰色的云彩"或者"深红色的霞光";由寒冻风化作用形成的碎石、岩块,经重力和其他营力搬运或不经搬运而形成的翻花石海;还有黄土地貌、冰川地貌、钙化地貌、火山地貌,等等。这些奇特的地貌都在诉说着它们奇特的经历。

●喀斯特地貌石林 ————————————————

云南"石林博物馆"

天造奇观的云南石林,位于云南省昆明市石林彝族自治县境内,海拔1500～1900米之间,属亚热带低纬度高原山地季风气候,年平均温度约16℃,"冬无严寒、夏无酷暑、四季如春",是世界唯一位于亚热带高原地区的喀斯特地貌风景区,素有"天下第一奇观""石林博物馆"的美誉。

在距今约3.6亿年前的古生代泥盆纪时期,石林一带还是滇黔古海的一部分。大约2.8亿年前的石炭纪,石林才开始形成。大海中的石灰岩经过海水流动时不断冲刷，留下了无数的溶沟和溶柱。后来，这里的地壳不断上升和长时间的积淀，才逐渐变沧海为陆地。海水退去后，又历经了亿万年的烈日灼烤和雨水冲蚀、风化、地震，就留下了这一童话世界般的壮丽奇景。远远望去，那一支支、一座座、一丛丛巨大的灰黑色石峰石柱昂首苍穹，直指青天，犹如一片莽莽苍苍的黑森林，故名"石林"。

我国的云南、贵州、广西、广东、福建、四川等省、区都有分布，其中发育得最好、最美的石林当属昆明路南石林首屈一指。

云南石林风景名胜区范围宽，石林集中。其象生石之多，景观价值之高，举世罕见。石林景区由大、小石林、乃古石林、大叠水、长湖、月湖、芝云洞、奇风洞七个风景片区组成。全县共有石林面积400平方千米，参差峰峦，千姿百态，巧夺天工，是一个以岩溶地貌为主体的，在国内外知名度较高的风景名胜区。

千姿百态李子营石林

石林的主要游览区还有李子营石林，面积约12平方千米，游览面积约80公顷。主要由石林湖、大石林、小石林和李子园几个部分组成，游路5000多米，是石林景区内单体最大，也是最集中、最美的一处。进入景区内，但见石柱、石壁、石峰千姿百态，争奇竞丽。有的石柱高达40～50米，乍一看，正如一首佚名的打油诗所云："远看大石头，近

李子营石林

看石头大。石头果然大，果然大石头。"但这里的石头与众不同，它是有灵性和生命的；有双马渡食、孔雀梳翅、凤凰灵仪、象距石台、犀牛望月；有唐僧石、悟空石、八戒石、沙僧石、观音石、将军石、士兵俑、诗人行吟、母子偕游、阿诗玛等无数象生石，无不栩栩如生，惟妙惟肖，令人叹为观止。除了动物外，还有许多酷似植物，如雨后春笋、蘑菇、玉管花等。有一处"钟石"，能敲出许多种不同的音调。整个李子营石林就是一座巨大的自然石景艺术宝库，任凭游客去观察，去发现，去自由驰骋想象。景区内峰回路转，曲径通幽，移步易景，使人如入迷宫仙境，游者莫不流连忘返，赞不绝口。景区内建有狮子亭、望峰亭、石台、石凳等供人小憩。

参差峰峦千岛湖石林

在美丽的千岛湖畔也有座奇美的石林，方圆10平方千米，属迷宫式岩溶地貌，由蓝玉坪、玳瑁岭以石狮为胜，西山坪石林旧称白云山，是千岛湖石林主要游览部分。区内群峰壁立，层峦叠嶂，蓝青色的石头平地拔起，如春笋，如树林，如城堡，如屋宇，如村寨，如大海扬波，如狂潮骤起，如群兽奔驰，如蛟龙腾空，如飞鸟展翅，如三军争战，硝烟腾空，人仰马翻，旌旗猎猎……有"华东第一石林"的美誉。千岛湖石林多藤蔓植物，青藤缘石而上，有的穿石而过。这种藤石交缠的景观叫人惊喜不已，好事者将它叫做藤石缘。

千岛湖石林景区，张良洞很具魅力。张良洞是一个不深的洞，与其说是洞，不如说是一道内凹的深坎，横长约5米，深约2米。内有一石桌，名棋盘石，是当年张良隐居此时，与其师黄石公下棋的地方。令人感到特别有意思的是，黄石公说他本是一块黄石。史载，张良13年后到谷城寻师，真的发现了一块黄石，感叹不已。他死前，特意嘱与黄石并葬。

千岛湖石林还有一个洞名曰琴音洞。洞门涌出流水，呈小瀑布，声音清脆响亮，抑扬顿挫，如琴音悠扬。走进洞内，洞虽不大，但高、有天光射入，甚明亮。洞壁洁白，丰满而又光滑，疑若女性的肌肤。景区有很多肖形石，极像唐僧、孙悟空、猪八戒、沙僧师徒。其中，比较明显且富有情趣的是：唐僧朝观音、猴王诵经、八戒探路、神龟驮经等。唐僧、观音是相距十数米的两座石峰，从侧面看，是很像唐僧与观音的。早晨与傍晚，浴着霞光，两尊石像熠熠生辉，很是好看。

早在明代，石林即已成为名胜，但直到20世纪50年代以后，政府才组织有关单位和人员认真进行勘察、设计、施工、修筑游路和外面的公路、宾馆、饭店、商场等，给一些象生石取了名，石林才逐渐名扬五洲，成为世界著名的旅游胜地。

每年农历六月二十四日是火把节，石林四周的彝、汉等各族群众都要从四面八方汇聚到石林欢庆佳节。人们在白天举行摔跤、爬竿、斗牛等比赛活动，夜晚则燃起熊熊篝火，耍龙、舞狮、表演民族歌舞。阿细跳月、大三弦舞则是最受欢迎的传统节目。成千上万的中外宾客尽情狂欢，通宵达旦。神奇的自然景观和优美的人文景观相结合，更使石林锦上添花，撼力倍增。

知识点

所谓岩溶地貌，也叫喀斯特地貌，是指地表可溶性岩石（主要是石灰岩）受水的溶解而发生溶蚀、沉淀、崩塌、陷落、堆积等现象，而形成各种特殊的地貌——石林、石峰、石芽、溶斗、落水洞、地下河，以及奇异的龙潭，众多的湖泊等，这些现象总称喀斯特。

延伸阅读

张良是汉代开国元勋，传说，他曾遇仙人黄石公。黄石公拿出一编《太公兵法》授予他。黄石公说："读是则为王者师，后十年兴。十三年，孺子见我，济北谷城山下黄石即我也。"张良将此书温习精熟后去投刘邦，终以此书的智慧帮助刘邦夺取了天下。汉朝建立时，汉高祖刘邦论功行赏，大封功臣。张良没有战功，如何赏？刘邦说："运筹帷幄中，决胜千里外，子房功也。"于是，封张良为留侯。于是，张良成了历代谋臣的典范，"王者师"的旗帜。刘邦的那句"运筹帷幄中，决胜千里外"也就成了千古名言。

● 雅丹地貌魔鬼城 ----------------------------

敦煌雅丹地貌罕见的天然雕塑博物馆

敦煌雅丹地貌属于古罗布泊的一部分，在敦煌这块神奇的土地上，大自然创造出了许多奇观异景。敦煌雅丹位于新疆、甘肃交界处，距玉门关西北80余千米处，有一座典型的雅丹地貌群落，布局有序，造型奇特，是一座罕见的天然雕塑博物馆。堪称敦煌的又一奇观，它是大自然鬼斧神工，奇妙无穷的天然杰作。

敦煌雅丹地貌

敦煌雅丹地貌，土质坚硬，呈浅红色。东西长约15千米，南北宽约2千米，与青色的戈壁滩形成了强烈的对比，在蓝天白云的映衬下格外引人注目。

"魔鬼城"奇景

进入雅丹，遇到风吹，鬼声森森，夜行转而不出，当地人俗称雅丹为"魔鬼城"。其整体像一座中世纪的古城堡，这座奇特的"城堡"，是地质变迁自然风雕沙割的结果，是大自然鬼斧神工的杰作。

整个雅丹地貌群高低不同、错落有致、布局有序。城堡内城墙、街道、大楼、广场、雕塑，如同巧夺天工的设计师精心布局一般。每个雅丹地貌都各具形态，千奇百怪，造型生动，惟妙惟肖。有的像宝塔、像宫殿、像麦垛、像昂首屹立远眺的金孔雀、像展翅欲飞的雄鹰、像大海中乘风破浪的船队、像怒目远视的武士，还有的像亭亭玉立的美女……在这里，千奇百怪的雅丹地貌，会使你心旷神怡，放飞思绪，浮想联翩；在这里我们可以展开丰富的想象力，领略大自然妙造天成的神奇之美。

雅丹地貌与戈壁荒漠的鲜明对比

从敦煌市区驱车前往，穿过一大片戈壁荒漠，大约一个多小时后便抵达久负盛名的玉门关下，然后再沿曾是丝绸之路古道的疏勒河谷西行85千米即到。沿途汉代长城、烽燧遗址依稀可见，沼泽和草甸连片，湖岸上芦苇丛生，湖面上水禽嬉戏，不时地有野鸭、大雁、天鹅等水鸟拍打着水面飞向蓝天，在大漠深处的罗布麻、红柳、胡杨、骆驼刺编织出一幅让人赏心悦目的画面。渐渐地，沼泽干涸了，草甸消失了，河谷被戈壁沙漠所湮没，周围又是茫茫瀚海。

不久，就会发现在平坦的河床上，一座座土丘峰峦突兀耸立，就像是一幢幢"建筑"高低错落，鳞次栉比，有的像大楼，有的像教堂，有的像清真寺，有的像蒙古包；甚至连北京的天坛、西藏的布达拉宫、埃及的金字塔和狮身人面像等世界著名的建筑都可以在这里找到它的缩影。大漠雄狮、丝路驼队、群龟云海、中流砥柱……一件件"雕塑作品"形象生动，惟妙惟肖。置身其中，宛若进入了建筑艺术的展览馆，让人目不暇接。

敦煌的雅丹地貌面积大，造型奇特。正如地质专家所言"敦煌的雅丹地貌的形成时间之久远，地貌之奇特多样，规模之大，艺术品位之高，堪称世界仅有的大漠地质博物馆"。

雅丹地貌的形成

雅丹有各种各样类型，形状不同，但形成过程却大致相似。最初，是地表的风化破坏。罗布洼地，曾经是一个大湖，而留下的湖相沉积，是在地质岁月中形成的，曾经发生的反复的水进水退，使湖底形成一层泥、一层沙，又一层泥、又一层沙交错成层结构。其中的泥岩层结构紧密坚硬，一般不易遭受风水的侵蚀，但是，它却抵御不住温差的作用。在罗布荒原旅行，常会听见突发的"噼啪"声，有时似鞭炮，有时似狼嚎，难怪当年行经此地的法显和尚毛骨悚然，称"沙河中多有恶鬼热风"。

罗布泊地区处于极端干旱区，昼夜温差变化剧烈，常达三四十摄氏度以上。热胀冷缩的效应，使外露的岩石崩裂发出声响。连被称为"顽固不化"的花岗岩，在这种气候环境中也只能顽而不固，逐渐崩裂成碎块，又何况泥岩。不过，泥岩不会像花岗岩那样成块状崩裂，因它的结构是层片状，崩裂也是一层层剥离脱落，形成许多水平状或垂直状的外观，使夹在泥岩层之间的沙层逐渐暴露在地表，为雅丹形成的第二阶段创造了条件。

地表风化破坏后，风、水即有了肆虐的对象。在风的吹蚀或水流冲刷下，堆积在地表的泥岩层间的疏松沙层，被逐渐搬运到了远处，原来平坦的地表变得起伏不平、凹凸相间，雅丹地貌的雏形即宣告诞生。

雏形的雅丹更有利于风化剥蚀作用。在沙层暴露后，风、水等外力继续施加作用，使低洼部分进一步加深和扩大；突出地表的部分，由于有泥岩层的保护，相对比较稳固，只是外露的疏松沙层受到侵蚀，由此塑造出千奇百怪的形态。至此，雅丹地貌最后形成了。

但是雅丹在形成后，也不可能一劳永逸地保持原来的面貌，因为包括风和水在内的外营力的作用永不会终止，使雅丹外貌也出现常变常新。随侵蚀作用的继续，凹地会越来越大，而凸起的土丘则会日渐缩小，并逐渐孤立，最终必然崩塌消失。这种情况，在罗布泊东岸的阿奇克谷地中比比皆是，说明雅丹地貌在这里已度过了它的最盛时期，开始走上消亡之路。

知识点

不同的时间进入雅丹地貌群，感受是完全不同的。清晨走进雅丹地貌，旭日东升时，登高远眺，点点朝霞，金光四射，气象万千；中午走进雅丹地貌，头顶太阳高照，身边怪影重重，千奇百怪的雅丹群中，仿佛处处青烟缭绕；傍晚进入雅丹群中，巨大的红日悠悠西沉，身边徐徐清风，头顶霞光灿烂，给人美的享受。

延伸阅读

丝绸之路，简称丝路，是指西汉（公元前202—8年）时，由张骞出使西域开辟的以长安（今西安）为起点，经甘肃、新疆，到中亚、西亚，并联结地中海各国的陆上通道（这条道路也被称为"西北丝绸之路"以区别日后另外两条冠以"丝绸之路"名称的交通路线）。因为由这条路西运的货物中以丝绸制品的影响最大，故

丝绸之路

得此名（而且有很多丝绸都是中国运的）。其基本走向定于两汉时期，包括南道、中道、北道三条路线。

●丹霞地貌武夷山 ----------------------------

自然风光独树一帜

武夷山位于福建省西北的崇安县境内。武夷山脉处在福建与江西省交界处，全长500多千米，最高峰黄岗山，海拔2118米。总面积近1000平方千米。

武夷山的自然风光独树一帜，奇峰若雕、碧水如画，山依溪而列，水随山而转，山光水色交相辉映，妙趣横生，风韵万千。尤其以"丹霞地貌"著称于世。丹霞，指的是一种有着特殊地貌特征以及与众不同的红颜色的地貌景观（即"丹霞地貌"），像"玫瑰色的云彩"或者"深红色的霞光"。

九曲溪风光可以说是武夷山中最为奇特的，沿岸的奇峰和峭壁，映衬着清澈的河水，构成一幅奇妙秀美的杰出景观。九曲溪一般山多由杂石砂土而成，山水分离，可徒步直登，而九曲溪诸峰则由红色峰石生成，水绕山脚，既可上山步行，又可下山泛舟。游人随心所欲，这就是九曲溪的独到之处。

天柱峰又称大王峰，雄踞九曲溪口，为武夷山三十六峰之首，素有"仙壑王"之称。天柱峰是进入武夷山风景区的第一峰，在南麓壁下，有一条岩壁陡峭的裂隙磴道，宽仅尺余，可登大王峰之巅。峰腰有张仙岩，相传是汉代张垓坐化之处，也是武夷山三大险径之一。峰顶有一裂缝，宽约1米多，深不见底，投下一石，只听得嗡嗡鸣响，片刻方息。相传这是宋代朝廷祭祀使者投送"金龙玉简"的地方，故名投龙洞。

隐屏峰位于五曲溪北岸，是一壁方正平削的基石，壁立千仞，伸入半空，岩顶林木青翠，四壁反削而入，直下平地，就像一个依天而立的翠屏，隐藏在平林洲深处，故名隐屏峰。峰的半腰，有一个宽大的岩洞，这就是光天洞。洞内岩石排列成八卦的阵势。洞后山岩形若头陀，名为罗汉岩。岩右又有一洞，叫罗汉洞。峰下有紫阳书院，为南宋理学家朱熹于宋淳熙十年（1183年）辞官来此所建精舍，收徒讲学有10年之久，因朱熹别名紫阳，故书院取名紫阳书院。明正统年间，改为"朱公祠"，现仅存部分建筑。

天游峰位于隐屏峰之后，顶有天游观、妙高台、胡麻洞等景致。天游峰内塑有武夷君、彭武和彭夷的坐像。妙高台上长有一株罕见的南园相思树，每当秋风送爽，晶莹玲珑的红豆撒落台上，成为有情人的心爱之物。在天游峰的东壁有一山洞，洞水蜿蜒南来，在妙高台西面飞湍而下，形成雪花泉瀑布的奇景。天游峰下则是一座巨大岩壁，高500余米，宽1000余米，阔大平整，是武夷山风景区中最大的岩石。如遇夕阳照壁，则见岩壁条缕分明，形如仙人晒布，故名"晒布岩"。

一线天又名灵岩，位于武夷山风景区南部。它有武夷山最奇特的岩洞，分布着灵岩洞、风洞和伏羲洞三洞。伏羲洞内常可见到稀有的哺乳动物白蝙蝠。风洞在三洞当中更为奇特，洞口石壁上镌有"风洞"二字，为宋代徐自强所书。相传古时灵岩洞穴中有巨蟒，在洞中吐气伤人，后被一位葛姓仙人驱动六戊之神，封住了蛇妖所吐之毒气，除去了蛇妖，故此洞又名葛仙洞。

虎啸岩位于二曲溪南，四壁陡峭，雄踞一方，虎啸岩半壁有一巨洞，山风穿过洞口，发出如虎啸般的吼声，故名虎啸岩。岩壁上镌有清康熙年间崇安县令王梓手书"虎溪灵洞"四字。清康熙四十六年（1707年），泉声和尚重入武夷山寻胜，看中泉石天趣的虎啸岩，遂在虎啸庵的旧址上建起天成禅院，还在此指点出白莲渡、集云吴、坡仙蒂、普门兜、法两悬河、语八泉、不浪舟和宾羲洞等八景。玉女峰二曲溪岸有一座突兀的山恰似一位亭亭玉立的少女，这座山便是玉女峰。这样一处美景，激发了人们无限的想象。如今玉女峰已成为武夷山的象征。

莲花峰中部一座高50多米的丹岩，显露出酷似大佛的尊祖像，硕大的头部、慈祥的脸庞、袒露无遗的宽腹、壮硕的臂膀，形似扣冰古佛。他和颜悦目，栩栩如生地端坐在莲花峰妙莲寺前。据传，扣冰古佛曾在妙莲寺修行多年，而古崖居妙莲寺所处地势磅礴险峻，古人将逶迤百米长的天然岩洞修建成一方静土的佛家圣地，实是巧夺天工。

悠久历史的文化名山

武夷山除了独特的自然景观外，更是一座有着悠久历史的文化名山。这里拥有一系列优秀的考古遗址和遗迹，包括建于公元前1世纪的汉城遗址、大量的寺庙和与公元11世纪产生的朱子理学相关的书院遗

武夷山

址。这里也是中国古代朱子理学的摇篮。作为一种学说，朱子理学曾在东亚和东南亚国家中占据统治地位达多个世纪，并在哲学和政治方面影响了世界很大一部分地区。

武夷山脉是中国东南部最负盛名的生物保护区，也是许多古代孑遗植物的避难所，其中许多生物为中国所特有。九曲溪两岸峡谷秀美，寺院庙宇众多，但其中也有不少早已成为废墟。该地区为唐宋理学的发展和传播提供了良好的地理环境。自11世纪以来，理学对中国东部地区的文化产生了相当深刻的影响。公元1世纪时，汉朝统治者在城村附近建立了一处较大的行政首府，厚重坚实的围墙环绕四周，极具考古价值。

知识点

大王峰南麓武夷宫，据说是汉武帝遣使节祭祀武夷君之处。它是武夷山最古老的一座宫观，始建于唐天宝年间，又称天宝殿，是历代帝王祭祀武夷君的地方。后多次修葺、扩建。殿四周有仿宋古街、茶观、幔亭山房、武夷山庄、彭祖山居和翠烟小肆等景致，玲珑雅致、古朴华美，原存的两处清代宫观旧址——万年宫和三清殿。武夷宫的仿古宋街全长约300米，南北走向，建筑风格古色古香，富有宋代遗韵。

延伸阅读

扣冰古佛，俗姓翁名乾度，法号藻光，武夷山吴屯水东村人，唐代河西节度使翁承钦之子，幼具佛性，13岁出家，历尽艰辛，致力于佛法研究，是我国古代参悟到禅学真谛的大师之一，名列全国名僧的六祖下五世之列，是武夷山籍人修成正果加入佛籍的高僧，因意志坚毅，冬天凿冰而浴，故尊称扣冰古佛。

●玄武岩地貌巨人之路 --------------------------

世界第八大奇观巨人之路

在英国北爱尔兰的安特里姆平原边缘的岬角，沿着海岸悬崖的山脚下，大约有3.7万多根六边形或五边形、四边形的石柱组成的贾恩茨考斯韦角从大海中伸出来，从峭壁伸至海面，数千年如一日地屹立在大海之滨。被人们称为"巨人之路"。

如果不说，人们一定以为"巨人之路"是一处人工雕凿的景观，其实，这些排列有序、雕琢精细的石柱，完全出自大自然的鬼斧神工。

"巨人之路"这些黑色实心的石柱，大部分是规则的六边形，也有少量的四边形、五边形和八边形，直径一般在38～50厘米。石柱一般高出海面五六米以上，最高的有10~12米，也有与海面一般高或者隐没于海水下的。大量的玄武岩石柱排列在海岸边，绵延约6千米之长，其气势之磅礴，景象之奇异，形成了十分壮观的自然景观，它不由得让人们对大自然的鬼斧神工发出由衷敬佩的惊叹。为此，"巨人之路"也被北爱尔兰人认为是世界第八大奇观。

站在一些比较矮小的石块上，可以看到它们的截面都是很规则的正多边形。不同石柱的形状具有形象化的名称，如"烟囱管帽"和"大酒钵"等。

大自然的奇迹"巨人之路"

"巨人之路"海岸在苏葳海角和海湾之间，包括低潮区、峭壁，以及通向峭壁顶端的道路和一块平地。火山熔岩在不同时期分五六次溢出，因此形成峭壁的多层次结构。"巨人之路"是这条海岸线上最具有玄武岩特色的地方。大量的玄武岩柱石排列在一起，形成壮观的玄武岩石柱林，气势磅礴。独特的玄武岩石柱不可思议地捆扎在一起，其间仅有极细小的裂缝。地质学家把这些裂缝称为节理，熔岩爆裂时所产生的节理一般具有垂直伸展的特点，在沿节理流动的水流作用下，久而久之便形成这种集聚在一起的多边形玄武岩石柱。从空中俯瞰，巨人之路这条赭褐色的石柱堤道在蔚蓝色大海的衬托下，格外醒目，惹人遐思。

游览"巨人之路"的路线有两条：一条沿着高约100米的崖岸顶端行走，可以近观礁崖上镶嵌的根根柱体，远眺沿岸壮阔的层层海涛；一条沿着崖底蜿蜒的海滩行走，右侧是壁立的高崖，左侧就是柱石密布的海滩。景区集中于一段4千米长的海滩，由西向东有4个凹入崖岸的礁岩海滩，依次名为奈伯、甘尼、洛弗尔和瑞欧斯坦。奈伯海滩崖底西侧的"巨石骆驼"，甘尼海滩西侧山崖斜坡上的"巨石老太"，瑞欧斯坦海滩东侧崖壁顶端兀立的"巨石烟囱"，都是独具特色的景点。

最能体现"巨人之路"奇异景观的区域，集中于洛弗尔海滩和崖岸一带。洛弗尔海滩西侧礁岩远远伸入大海，海浪拍击的礁岩为一片壮观的柱体巨石群，东侧平缓的柱体礁岩名为"踏步巨石"，西侧参差的柱体礁岩名为"愿望之椅"。站在这片巨石之上，北望浩瀚的大西洋，海涛层层翻滚而来，击打在柱体礁岩上，涌起阵阵雪白的浪花；回望南方，海滩连接一块巨大的柱体礁岩，高高耸立，岩壁上一根根长长的柱体从岩顶直贯岩底，巨岩背后立起一座高大的山岗，锥形山体将它脚下的景区衬托得更加雄奇。在洛弗尔海滩凹入区里，一块高逾1米、长逾2米的巨石酷似人们脚踏的靴子，被称之为"巨人之靴"。洛弗尔海滩东侧山崖的中部，镶嵌一片巨大的柱体礁岩，酷似人们弹奏的管风琴，被称之为"巨人管风琴"，而海滩上一块直径约1米的礁岩图案酷似一只巨人的眼睛，被称之为"巨人之眼"。

揭开"巨人之路"之谜

是什么样的自然伟力造就了这一举世闻名的奇观呢？现代地质学家们通过研究其构造，揭开了"巨人之路"之谜。"巨人之路"实际上完全是一种天然的玄武岩。根据现代地质学的解析，大约在5000万年之前，在现在的苏格兰西缘内赫布里群岛一线至北爱尔兰东缘，火山活跃，一股股玄武岩岩浆从裂隙的地壳下涌出，灼热的岩浆遇到冰冷的海水，经过冷却、收缩和结晶，开始爆裂成规则的六边形石柱。独特的玄武岩石柱群体，不可思议地排列在一起，期间仅有极细小的裂缝。地质学家把这些裂缝称之为"节理"。在熔岩作用下产生爆裂的"节理"，一般具有垂直伸展的特点，在沿"节理"流动的海水作用下，久而久之便形成这种集聚在一起的多边形玄武岩石柱。石柱在经受海浪长期的冲蚀下，在不同高度处被截断，导致石柱的排列呈现出高低参差的台阶状外貌，使人产生了"巨人之路"的遐想。

"巨人之路"当然也是柱状玄武岩石这一地貌的完美的表现。这些石柱构成一条有石阶的石道，宽处又像密密的石林。巨人之路和巨人之路海岸，不仅是峻峭的自然景观，也为地球科学的研究提供了宝贵的资料。

📝知识点

　　根据爱尔兰民间传说，"巨人之路"是由爱尔兰巨人麦库尔建造的。他把一根又一根的岩柱运到海边，想以此铺成一条跨海之路，以便自己可以走到苏格兰，去与苏格兰巨人盖尔决一雌雄。当麦库尔建成这条巨人之路后，盖尔已经来到北爱尔兰，要估量一下麦库尔的身材。麦库尔妻子得知盖尔的身材比麦库尔更高大时，为了保护她的丈夫，便叫麦库尔依偎在她的怀中假装睡着。盖尔跑来一看，问麦库尔妻子，睡在她怀里的人是谁？麦库尔的妻子说是她的儿子。盖尔一听，麦库尔的儿子这么大，那他父亲该是怎样的庞然大物呀！于是他连忙毁坏了麦库尔建造的"巨人之路"，撤回了苏格兰。现在的"巨人之路"就是传说中当初被盖尔毁坏的残余部分。

📚延伸阅读

玄武岩

　　玄武岩是一种基性喷出岩。矿物成分主要由基性长石和辉石组成，次要矿物有橄榄石、角闪石及黑云母等，岩石均为暗色，一般为黑色，有时呈灰绿以及暗紫色等。呈斑状结构。气孔构造和杏仁构造普遍。玄武岩是地球洋壳和月球月海的最主要组成物质，也是地球陆壳和月球月陆的重要组成物质。

●流水侵蚀地貌土林 ————————————

土林

　　土林是一种独特的流水侵蚀地貌，在云南元谋盆地和西藏的阿里扎达盆地最为发育，此外，云南的江川、南涧，四川的西昌，甘肃的天水和新疆的叶城等地也有分布，但是，就面积、观赏性、典型性和密集程度看，它们都不能与元谋土林相比。

云南土林，分布较广，其中以元谋县的物茂土林、班果土林、浪巴铺土林为佳。它与西双版纳热带雨林、路南石林并称之为"云南三林"。元谋物茂土林位于元谋县境内，距县城32千米，是个不可不去的地方。

提起云南省元谋，大家很自然地会想到古猿人元谋人遗址。但元谋还有一种奇特的地貌——土林，很值得人们去观赏。元谋土林计有13座之多，总面积达42.9平方千米，约占全县国土总面积的1/50。最壮观的有新华土林、班果土林和已开发成风景区的虎跳滩土林，它们跟其他小区域土林一道组成了国际国内罕见的元谋盆地土林群落。

一踏进元谋盆地土林，那千姿百态的造型，就仿佛使人进入另一个新奇的天地。有的土柱如锥似剑，直指蓝天；有的像威严武士，整装待发；有的如亭亭少女，凝视远方；有的土柱顶上杂草丛生，间或长有野花；有的砂石垒垒，裸露身躯……当然，各种形态的土柱是混杂分布的，这就使得土林形

云南土林

成了丰富多彩，变化层出不穷的姿态，令人叹为观止。

土林之奇，在于同一个景观，在不同人的眼里都不同，在儿童眼里，这里是动物园，有的如奔马仰天长啸，有的似熊猫憨态可掬。这边是群猴攀援嬉戏，那边是狮虎在相争；而在成人眼中，这些土林似仙境，如神话，人们可以充分发挥自己的想象力。

土林的形成

要走进土林，会发现这些土林多由沙粒、黏土组成。其中还有丰富的动植物化石，如巨大的栎属性硅化木、剑齿象、中国犀、剑齿虎等。

土林的形成，最远可追溯到8000万年到1亿年的冰河时期。在冰水沉积期，冰水流动带来杂物，形成沙粒砾层。沙粒砾层成岩硬化后，受新地壳运动影响，出现裂口或裂缝（地质学上称龟裂），暴雨径流强烈侵蚀、切割地表深厚元谋土林的松散碎屑沉积物所形成的分割破碎的地形。又因沉积物顶部有铁质风化壳，或夹铁质、钙质胶结砂砾层，对下部土层起保护伞作用，加上沉积物垂直节理发育，使凸起的残留体侧坡保持陡直。一般高20米左右以至达40米。各柱体常持高度齐一的顶部，是原始沉积面。土林一般出现在盆地或谷地内，以近年在中国云南元谋发现的为最典型。还见于四川西昌黄联关、西藏扎达、甘肃天水与张掖等地。它主要分布于不同时代的高阶地上，系多期形成，反映了古地理变迁和地貌发育过程。

土林是特殊的岩性组合、构造运动、风雨动力和生态环境等条件综合作用的结果。元谋盆地地处川滇南北构造带中段，为一受南北间大断裂控制的断陷盆土林地，其东部分布着侏罗纪、白垩纪长石石英砂岩、砾岩和泥岩构成的侵蚀山地，相对高差1000~1500米；西部为元古茁林群片麻岩、石英岩、片岩、千枚岩和晋宁期的花岗岩组成的低山丘陵，盆地内广布上新世—全新世的晚新生代地层，土林发育于上新统—早更新统的层位。

知识点

西双版纳热带雨林

其总面积2854.21平方千米，它的热带雨林、南亚热带常绿阔叶林、珍稀动植物种群，以及整个森林生态都是无价之宝，是世界上唯一保存完好、连片大面积的热带森林，深受国内外瞩目。地处云南南端的西双版纳热带雨林是当今我国高纬度、高海拔地带保存最完整的热带雨林，具有全球绝无仅有的植物垂直分布"倒置"现象。

延伸阅读

冰河时期

简称冰期，地球表面覆盖有大规模冰川的地质时期。又称为冰川时期。两次冰期之间为一相对温暖时期，称为间冰期。地球历史上曾发生过多次冰期，最近一次是第四纪冰期。地球在40多亿年的历史中，曾出现过多次显著降温变冷，形成冰期。

●古老沙漠纳米布 ------------------------------

最古老的沙漠

在非洲的西南边缘，大西洋沿岸还有一个世界上最古老的沙漠，那就是纳米比亚沿海的南北向的纳米布沙漠。经过亿万年的变迁，岩石风化为细沙和粉尘，形成了纳米布沙漠。在沙漠上空，经常会看到一波接一波的沙丘似乎在不断地移动。沙丘很高，顶端的砂砾被风吹落，在沙丘上划出一道道波纹。从天空俯瞰，相连的一座座沙丘波浪起伏，色彩变幻，好似给人们献上的一场美丽壮观的视觉盛宴。

非洲是一个干旱的大陆，说起非洲，我们都会想起位于北非的撒哈拉沙漠，那是一个多么辽阔的沙漠啊！不过就在我们惊叹这个世界上最大的沙漠的时候，在非洲的西南边缘，大西洋沿岸还有一个世界上最古老的沙漠，那就是纳米比亚沿海的南北向的纳米布沙漠，这个美丽的地方也在向我们招手。

纳米布沙漠是有着8000万年的历史的古老沙漠。它北起安哥拉南部的纳米贝省，向南穿过纳米比亚至奥兰治河。沿非洲西南海岸延伸约1900千米，宽130～160千米，海拔不超过500米，是一片狭长的带状沿海沙漠。

纳米布沙漠，谁的杰作

纳米布沙漠是本格拉寒流的杰作。数亿年前，本格拉寒流冲击大西洋海岸，由于温度低，海水不仅不蒸发，还"吸收"了从海中吹来的湿气，经过上亿年的变迁，干燥的热风将岸上山中的岩石风化为细沙和粉尘，形成了沙漠。纳米布沙漠年平均降雨量只有50毫米，但令人难以置信的是，如此干旱的环境下，却呈现着一片勃勃生机……

纳米布沙漠中部有一条凯塞布河，将整个沙漠分成南北两个部分。南部是一片浩瀚的沙海，多为流沙，北部是多岩的砾石平原。纳米布沙漠南部分布了大面积的移动新月形沙丘，移动速度很快，有的每年移动可达450米。有些流动沙丘被河流阻挡，使河流的另一侧呈沙原状，从而使河流北部呈现截然不同的风沙地貌，这里分布着一系列沙嘴和沙滩，还有剥蚀高地和尖顶山。

在当地那马语里，纳米布意为"巨大"、

纳米布沙漠

"辽阔"。只有当我们身临其境，才能真正体会到"纳米布"的含义。周围都是一望无际的沙的海洋，在太阳的照射下，沙粒闪闪发光、金亮耀眼。行程数百千米也可能不见人烟，只是偶尔可见野生动物在游荡。沙丘的形状各有不同，有新月形、笔直状以及星形的沙丘等。

纳米布沙漠最壮观的地方莫过于位于沙漠中央的所苏斯莱地区了，这里是一片沙丘群，沙丘高低不一，有些沙丘竟高达300米，最高的达340米，是世界上最高的沙丘。沙丘底下有历时100多万年之久的砾石层。沙丘的颜色由沿岸地区到东部内陆地区逐渐变深，呈现出灰白象牙色、杏黄色、橘黄色、栗色，以及深橘红色等种种丰富的色彩。

骷髅海岸

纳米比沙漠分成三个连续的南北向地带：沿着大西洋的是非常狭窄的沿海地区，强烈地受海洋的影响。空中俯瞰，海岸是褶痕斑驳的金色沙丘、砂砾平原。沙丘闪闪发光；大西洋深蓝色海浪吐着白沫扑向沙岸，成群海鸥逐浪飞翔；寒冷海风发出隆隆呼啸……

在纳米布沙漠和纳米比亚海之间，有一条世界上最恐怖的海岸，绵延纳米比亚海域的海岸线长800千米，被称为"地狱海岸"，现在叫做"骷髅海岸"。傍晚在纳米比亚海岸抬头望去，夕阳下仿佛在燃烧的红色沙漠无限宽广，向远处延伸，直伸入蔚蓝的大海，中间没有任何过渡。红色的沙漠与蔚蓝色的大海构出一幅精美的画面。

🖊 知识点

纳米布沙漠常刮两种风：从卡拉哈里吹来的东风，靠着从高海拔降下来获得的动能，抵达这片沙漠时的时速已高达100千米，并把气温推高到40℃以上；另一种是从冷冽的大西洋吹来的养育生命的西南风，能把雾气直吹进距海岸60多千米的内陆，为这里形态特异的野生动物提供了维生所需的几乎全部水分。

延伸阅读

撒哈拉沙漠

撒哈拉沙漠约形成于250万年前，乃世界第二大荒漠，仅次于南极洲，是世界最大的沙质荒漠。它位于非洲北部，气候条件非常恶劣，是地球上最不适合生物生存的地方之一。其总面积约容得下整个美国本土。"撒哈拉"是阿拉伯语的音译，源自当地游牧民族图阿雷格人的语言，原意即为"沙漠"。

●黄土地貌黄土高原 --------------------------

黄土高原

黄土高原在中国中部的偏北，包括太行山以西、秦岭以北、乌鞘岭以东和长城以南的广大地区，跨山西、陕西、甘肃、青海、宁夏及河南等省区，面积约40万平方千米，海拔1000～1500米。除了少数石质山地外，高原上还覆盖着深厚的黄土层，厚度在50～80米之间，最厚处甚至可达150～180米。黄土颗粒细，土质松软，含有丰富的矿物质，利于耕作，盆地和河谷农垦历史悠久，是中国古代文化的摇篮。

黄土高原的地貌类型

从地球上来看，黄土主要分布于中亚到我国的西北、华北和东北一带，世界上最大的黄土高原就是位于黄河上中游地区的黄土高原。高原上的黄土覆盖厚度一般在100米以下，而以陇东、陕北、晋西黄土层最厚，六盘山以东到吕梁山西侧，黄土厚度在100～200米之间，最厚在兰州，达300米以上。高原上黄土分布的面积和厚度，都居世界之冠。

山、原、川三大地貌类型是黄土高原的主体。耸峙在黄土高原上的山地，就像海洋中的孤岛一样，比如六盘山以西的陇中高原上的屈吴山、华家岭、马衔山，陇东陕北高原上的子午岭、白于山和黄龙山等。

原（或塬），是指平坦的黄土高原地面，著名的有甘肃东部的董志塬，陕西北部的洛川塬。塬面宽阔，适于机械化耕作，是重要的农业区。但是，塬也容易受到流水的侵蚀，沟谷发育，分割出长条状的塬地，成为山梁，称为"梁"地。如果梁地再被沟谷切割分散孤立，形状有如馒头状的山丘，就被称为"峁"。由"梁"和"峁"组成的黄土丘陵，高出附近沟底大都在100～200米左右，水土流失严重，是黄河泥沙来源区。

川，是深切在塬面下的河谷平原。在梁、峁地区，地下水出露汇成小河，河水带来的泥沙就在这里沉积，在两岸形成小片平原，这就是"川"。川的两旁还有阶地，即"掌"、"杖"地。掌是川地上源的盆地状平原，与条状分布的杖地不同。

黄土高原土层深厚，土质疏松，地形破碎，暴雨频繁，水土流失极为严重，是黄河泥沙的主要来源地。尤其是黄河河口镇至潼关这一河段，黄河在穿越这一段黄土高原的过程中，众多支流汇入，把黄河"染成"了黄色。据测定，这一河段进入黄河的泥沙占全河沙量的90%。

高原上的黄土从哪里来

关于黄土的来源，长期以来中外学者都有不同的争论。其中，以"风成说"最为流行。

"风成说"认为，黄土高原的黄土是来自北部和西北部的甘肃、宁夏和蒙古高原以至中亚等广大干旱沙漠区。因为这些地区的岩石白天受热膨胀，夜晚冷却收缩，逐渐被风化成大小不等的石块、沙子和黏土等；同时，这些地区每逢西北风盛行的冬春季节，就会狂风骤起，飞沙走石。粗大的石块残留在原地成为"戈壁"；较细的沙粒则落在附近地区，聚成片片沙漠；细小的粉沙和黏土就会纷纷向东南飞扬，当风力减弱或遇秦岭山地的阻拦时，便会停积下来，再经过几十万年的堆积，形成了浩瀚的黄土高原。

然而随着科学的不断发展，科学家们发现许多现象是黄土风成学说无法解释的。比如，黄土中粗粉沙含量由西北向东南递减，黏土的含量却从西北向东南递增，这种自西北向东南的有规律的排列呈叠瓦阶梯状的分布过渡，而不是平面模糊过渡。而这种叠瓦阶梯状的分布过渡，更像是洪水的杰作。

为了解黄土高原的"变脸"过程，专家们特意到黄土高原西部甘肃静宁县、秦安县、定西县等地采集黄土高原6个典型地质剖面的黄土标本，从中获得了700余块孢粉样本和209块表土孢粉样本。这些孢粉样本，大约记录了公元前4.6万年至今黄土高原植被的变迁过程。通过对14碳的测量，在6个典型剖面中共测得年代34个。经分析专家们发现，从黄土高原采集的20克样品中，最多分离出孢粉颗粒达到1112粒左右，最少的则不足50粒。这表明，4万多年来，黄土高原的环境和植被曾出现过巨大的变化过程，很可能经历过多次快速的"变脸"——历经过草原、森林草原、针叶林以及荒漠化草原和荒漠等多次转换。

黄土高原的形成和青藏高原的隆升，也加快了侵蚀和风化的速度，在高原周围的低洼地区堆积了大量的卵石、沙子和更细的颗粒。每当大风骤起，在西部地区便会形成飞沙走石、尘土弥漫的现象。被卷起的沙和尘土依次沉降，颗粒细小的粉尘最后降落到黄土高原区域，形成了一条荒凉的地带。

印度板块向北移动与亚欧板块碰撞后，印度大陆的地壳便插入亚洲大陆的地壳之下，并把后者顶托起来，从而使喜马拉雅地区的浅海消失，喜马拉雅山开始形成并渐升渐高，青藏高原也被印度板块的挤压作用隆升起来。然而，东西走向的喜马拉雅山挡住了印度洋暖湿气团的向北移动。久而久之，致使中国西北部地区越来越干旱，渐渐形成了大面积的沙漠和戈壁。这里就是堆积起了黄土高原的那些沙尘的发源地。体积巨大的青藏高原正好耸立在北半球的西风带中，240万年以来，它的高度不断增长，宽度约占西风带的1/3，把西风带的近地面层分为南北两支。南支沿喜马拉雅山南侧向东流动，北支从青藏高原的东北边缘开始向东流动，这支高空气流常年存在于3500～7000米的高空，成为搬运沙尘的主要动力。

与此同时，由于青藏高原的隆起，东亚季风也被加强了，从西北吹向东南的冬季风与西风急流一起，便在中国北方制造了一个黄土高原。

知识点

黄土高原气候干旱，暴雨集中，植被稀疏，土壤抗蚀性差；再加上长期以来乱垦滥伐等人为的破坏，导致这里成为我国水土流失最严重的地区。据有关资料显示，黄土高原地区的水土流失面积达45万平方千米，占总面积的70.9%，是我国乃至全世界水土流失最严重的地区。而1500多年前的黄河中游，也曾"临广泽而带清流"，森林茂密，群羊塞道。正是人类掠夺性的开发掠去了植被，带来了风沙，使水土流失把黄土高原刻画得满目疮痍。

黄土高原

延伸阅读

　　黄河与黄土高原的关系，"九曲黄河万里沙，黄河危害在泥沙"。作为世界上输沙量最大的河流，黄河每年都要向下游输沙达16亿吨。如果把这些泥沙堆成宽、高各1米的土堆，可以绕地球27圈多。黄河80％的泥沙都来自黄河中游的黄土高原。

●冰川地貌挪威峡湾

挪威大峡湾

　　挪威峡湾位于斯堪的纳维亚半岛的挪威西海岸，山高峻险，峡湾深入。在那里，众多的峡湾和近10万个岛屿、岩礁形成了世界上最曲折的海岸线，长达2万多千米……

　　挪威的形状狭长，南北长约1700多千米，而东西宽仅仅10～400千米，最窄的地方只有6千米多宽。海洋深入大陆，岛屿、大陆、峡湾和海洋融为一体，形成独特的自然景观。挪威海仿佛沿着雄伟的长廊深入到斯堪的纳维亚山中。深入大陆的峡湾既深邃又曲折，两岸是不尽的悬崖峭壁。说它是峡湾，是因为它的陡峭，而实际上它是一种狭长而曲折的海湾，宽不过一到几千米，长约几十到几百千米，出口地方，水只有几十米深，而湾内最深的地方却有1000多米深。

挪威峡湾的形成

　　大约100万年前，冰川的厚度达到2000～3000米。从1万年前开始，冰川开始融化并向海洋移动，在此过程中产生了巨大的力，将山谷切割成"U"字形，海水倒灌的地方就形成了峡湾。加拿大、新西兰和智利都有峡湾，但最大的峡湾在挪威。无数的峡湾及其支流向内陆渗透着，并融于高山峻岭之中，形成了非常壮观的自然景象。随着高山上冰川积雪的融化，雪水从悬崖峭壁上奔腾而下，形成了瀑布，更为峡湾增添了绚丽的色彩。

峡湾给人带来的不仅是视觉的冲击，更准确地说是心灵的震撼。这无穷尽的曲折峡湾和无数的冰河遗迹所构成的壮阔精彩的峡湾风光，是狂野而宁静的挪威灵魂。世界上没有任何一个国家，能够拥有如此密集，如此壮观，如此秀美的峡湾，除了挪威。它的美，美在大自然的鬼斧神工，美在陡峭的山势亘古不变的傲然挺立。这些美丽的峡湾，从每一个细节都吸引着各地的探险者们，因为他们都有一个共同的特点，那就是不安于平淡，都有为了自己的目标一往无前的气概。

著名的挪威四大峡湾

世界地质专家将挪威称为"峡湾国家"，只有在欣赏了挪威西海岸连绵不绝的曲折峡湾和由无数冰河遗迹构筑的峡湾风光之后，才能感受到这个神奇国度最动人心魄的美丽。挪威最著名的四大峡湾是松恩峡湾、哈当厄尔峡湾、盖朗厄尔峡湾和吕瑟峡湾，曾被美国《国家地理》杂志评为"世界未受破坏的自然美景之首"。

松恩峡湾是西部峡湾、北海伸入内陆的水域，是挪威最长、最深的峡湾。松恩峡湾全长205千米，宽约5千米。湾口在卑尔根以北约73千米，并深切入海拔1520多米的山地。气势宏伟，景色优美，为旅游胜地。峡湾向内分成几个小湾，包括大西洋的海水在这里形成了一道道的瀑布。

奥兰峡湾和奈罗峡湾支流峡湾。前者面临风景秀丽的弗洛姆山谷和世界上最陡峭的高山铁路支线——弗洛姆铁路，后者则是具有全欧洲最狭窄水道的峡湾，最窄处仅250米。这里的崖壁紧挤在一起，以至船只下行时似乎消逝在隧道中。沿途两侧的大部分山脉赫然耸立于水面之上，沐浴着清冷的日光，如同保护神，静静地守候着挪威，有时从船上还能看到野生海豹。

哈当厄尔峡湾全长179千米，是挪威四大峡湾中最为平缓的一处。哈当厄尔峡湾是个很大的峡湾，也有一些小的分支峡湾，爱的峡湾就是其中的一个。峡湾两岸山坡的果树鲜花盛开，缤纷烂漫。哈当厄尔峡湾尽头是著名的休闲胜地——乌托内和洛夫特胡斯的乌伦斯旺地区。约800年前僧侣到此地种植了苹果树和杏树，每到5月便开花，夏季结果。哈当厄尔峡湾沿线也有许多壮观的瀑布，还有哈当厄尔韦德国立公园，挪威第三大规模的弗格丰纳冰河等景观。

知识点

各种冰川和冰水地貌类型，按照成因组合可以分为山地冰川和大陆冰川地貌。山地冰川地貌组合类型复杂多样，种类可达20种之多；大陆冰川地貌类型单调，总共不超过12种。

通常来说，山地冰川以冰蚀地貌复杂为特色，地貌组合规律明显，从上到下可以分出几个垂直带，雪线以上是以冰斗、刃脊、角峰为主的冰蚀地貌带；雪线以下、终碛堤以上是以槽谷、侧碛堤、冰碛丘陵为主的冰蚀—冰碛地貌带；冰川末端则是以终碛堤为代表的冰碛地貌带；终碛堤外缘，为冰水扇和外冲平原的冰水堆积地貌带。

延伸阅读

挪　威

北欧国家挪威位于斯堪的纳维亚半岛西部，欧洲纬度最北的国家，东与瑞典接壤，西邻大西洋。海岸线极其蜿蜒曲折，构成了挪威特有的峡湾景色。由于全境1/3的土地位于北极圈内，因而有"午夜太阳之地"的别称。挪威也是斯堪的纳维亚半岛上唯一毗邻北冰洋的国家，每年夏季都有两个月的时间是极昼，是名副其实的"日不落王国"。

●钙化地貌棉花堡 —————————————————————

温泉之乡棉花堡

在"棉花堡"有这样一个传说：当年，牧羊人安迪密恩因为想着和希腊月神瑟莉妮幽会，竟然忘记了挤羊奶，致使羊奶恣意横流，覆盖住了整座丘陵。这便是土耳其民间有关棉花堡形成的美丽传说。

棉花堡位于土耳其西南部的山区。如此可爱的名字，源自其外形像铺满棉花的城堡。所谓"棉花"，就是泉水从山顶往下流，所经之处历经千百年钙化沉淀，形成层层相叠的半圆形白色天然石灰岩阶梯，远看像大朵大朵棉花矗立在山丘上，更像染白了的大梯田，所以土耳其人叫它"棉花堡"。

棉花堡多温泉，水温终年保持在36℃～38℃，水的pH值约为6。温泉水从地底深处涌出，再从丘陵上沿边缘泻下，产生侵蚀和沉淀作用。经过漫长的岁月，白石灰岩积聚在表面被侵蚀成棉花状的梯形岩石，形成无数大大小小的白棉球层层相叠，远望好像一堆堆的棉絮阶梯，白色如雪，犹如棉花城堡，因此，大家通称这个地方为棉花堡，也是自古以来享誉于世的温泉之乡。

温泉水汇成一个个的天然池，大大小小，成层叠状下降，从高低不同的地方闪烁着万千波光，景色非常奇特。在这一个个天然的温泉水池中，人们可坐在里面泡温泉，既解乏，又治病。由于在棉花堡上的温泉是不收费的，所以来此泡温泉的游人络绎不绝。进入浴场，一定要赤脚，以防鞋底磨损棉花堡的石灰岩。棉花踩上去并不光滑，走上去甚至有点举步维艰，但为了保护这片大自然的礼物，多数游人还是把它当成是免费的脚底按摩了。踏进泉水，暖暖的泉水让人有马上泡进去的冲动。尤其是在炎热的夏天，温润凉爽的泉水更令人感谢这大自然赐予的奇迹。

由于棉花堡的存在，让土耳其成为人们最想拜访的国家之一。每年都有几千万拜访土耳其的旅客来到棉花堡，然而超红的人气却给棉花堡带来灾难，川流不息的游客与山下大量兴建的温泉旅馆，使得泉水量锐减。枯竭的水源使原本棉白色的地表转黑，土耳其当局意识到事态严重，宣布暂时关闭棉花堡的观光，让此地得以休养生息。重新开放之后，除了限制游客在棉花堡的游览范围与活动（需赤脚、不准游泳），也约束温泉旅馆的开发。

一朵最绮丽的莲花

来到棉花堡，除了泡温泉外，最不能错过看日落堡的日落了，当太阳的光芒一点点由金色变成绯红、殷红、桃红、玫瑰红，棉花堡会像一朵最绮丽的莲花，幻化出难以置信的光影奇迹，白色的岩面会被阳光点染出淡淡的色彩，而岩面中水波则忠实地记录下天空变幻的奇异色彩。

登上山巅，会意外地发现，这并不幽深的谷底竟然也会有云海出现，而且居然是世界上最美最瑰丽也最难得一见的云海！这个看似云海茫茫的山谷，绝对禁止游客进入，因为那其实是个奇异的沼泽。

只是，人们在山顶看到的那团蒸腾的淡蓝色并非云彩，也不是雾气，而是大量含有碳酸钙的温泉水流沉到谷底形成的一种近似泥浆的沉淀物，阳光一照，便泛出珐琅般的孔雀蓝光泽，看上去与蓝色的云朵飘浮在山谷一模一样。这种景观异常罕见，天气、阳光、时间、运气，缺一不可。所以，这个看似云海茫茫的山谷，是绝对禁止游客进入的，因为那其实是个奇异的沼泽。而面对如此美景，我们也"只可远观而不可亵玩"了。

知识点

棉花堡附近的古迹也非常有名。修建于2000多年前的阿佛洛狄西亚(Aphrodisias)卫城，至今残存着希腊风格的澡堂、拱门、横梁、石柱长廊、指向天空的大理石柱，它们全部由雪白的大理石雕筑而成，花纹繁复，造型宏伟。而空地上孤独伫立的月女神殿，永远在月光下闪烁清冷的光辉。希拉波里斯卫城一样是希腊风格的建筑，已经被大地震毁得只剩残垣，考古学家只发掘出城外规模巨大的贵族坟场，夕阳下，借着微弱的光线，天地间只剩几座房屋式坟墓的剪影。古老的小亚细亚那些曾经让人们惊叹的古迹，就这样被时光蹉跎为废墟，而不远处的棉花堡，依旧绿水如镜，丘岩如冰，沐浴着众神的光辉，成为永恒的奇迹。

延伸阅读

棉花堡是由于富含石灰质的温泉涌出的区域，所形成的白色碳酸钙结晶。究竟是如何形成的呢？原来当那区域的地下温泉以35.6℃的温度涌出时，因泉水中含有大量的碳酸钙，当它和氧气接触后会释出一氧化碳及二氧化碳，而此时剩下的碳酸钙沉淀物呈胶状，日积月累后就形成了这样的景观。

●火山地貌五大连池 ----------------------------

火山活动给人类留下的珍贵遗产

我国火山活动可分为两个带：东部活动带的火山有五大连池火山群、长白山火山、大同火山群、大屯火山群、广东雷琼及安徽、江苏等地区的火山；西部活动带的火山包括腾冲火山群、新疆等地区的火山。其中最能代表火山地貌的是五大连池火山群。

五大连池火山群因保存了这样完整、典型、壮观的火山地貌，而被誉为"火山博物馆"，而今它已成为中国第一个火山自然保护区，它既是旅游者欣赏各种美妙火山风光的景区，也是火山地质科学研究和教学实习的天然基地。

这里山秀、水幽、泉奇、石怪、洞异，是集生态旅游、休闲度假、保健疗养、科学考察为一体的高含量、多功能、综合型国际旅游胜地，不仅在生态科学和地理物理发展史方面对人类有着重大意义，而且在自然美学和环境医学方面更具有独特的观赏和适用价值。

五大连池的形成

在火山喷溢的过程中先后形成的"老黑山"、"火烧山"，而由"老黑山"和"火烧山"喷溢的熔岩流，如同天然堤坝，把白河截为5段，成为5个熔岩偃塞的小池，而后蓄水成湖，从而形成了中国著名的火山堰塞湖——五大连池。五大连池火山之名便由此而得。五大连池火山群由13座"盾形火山"，数十"复式火山"和大面积熔岩流组成。"盾形火山"外形像古代作战用的盾牌。这种火山宽缓、规模小，盾顶有火山口。"复式火山"是先形成了"盾形火山"，在其上面又叠加了一个或几个由于喷发形成的火山锥。这种火山在五大连池火山群中居多数，其规模大，分布广。

由于断裂的影响，这些火山多呈东北—西南向直线分布。药泉山位于此线之东；南北格拉球山并列于直线之西，它们好似一摆好阵势的棋局，展布在东西35千米，南北长约25千米的熔岩台地上。火山的相对高度在60～160米之间，其他每座火山相对高度不超过300米。这些"复式火山"地貌大都保存得极完整，火山口内径一般介于230～450米之间，火口深度不一，从几十米到100多米，老黑山最深为136米。卧虎山有4个火山口，最浅的仅10米。火山形状各异，有的椭圆，有的方形，有的近似三角形或状若新月形等。卧虎山遥望似猛虎伏地，笔架山远看似巨型笔架。

在白河西岸向南延伸，有一条长17千米，最宽处12千米，面积70多平方千米的熔岩流。当地居民称之为"石龙"。这种大面积的熔岩流地貌，是由于岩浆在流动过程中，表层先凝固，成为平坦光滑没有破碎的熔岩表壳，表壳下面熔岩流仍在继续流动，熔岩表壳被流动熔岩流牵引作用，发生塑性变形，从而形成了千姿百态的熔岩地貌。

五大连池火山旅游区

除形态别致的火山景观，优美的湖泊风光外，五大连池火山旅游区内还有丰富的资源。火山岩是良好的建筑材料。玄武岩不仅可以采来直接当建材，而且可以加工成多种产品，如将其粉碎后可作为无熟料水泥的充填料。这种方法生产的水泥，工序简单，不需焙烧，可为国家节省大量煤炭。玄武岩熔炼后，经过喷射工艺，可以生产出一种短纤维——岩棉，它是良好的保温材料，可以用来做各种管道的保温壳。玄武岩也是新兴的铸石工业原料，铸石可作为钢铁的代用品。火山锥的主要物质——浮石，具有质坚、体轻、保温、隔音等优良特性，也是良好的建筑材料。泉山的矿泉久负盛名，这里的矿泉水治疗疾病已有近百年的历史。在药泉山下有南泉、北泉和翻花泉等，后在火烧山下又发现了"抗大泉"。其中南、北二泉用于饮疗，泉水清凉甘辛，具有助消化、止痛、镇静、安眠、利尿等功能，尤其对消化系统的溃疡、胃炎等疾病疗效良好。而翻花泉用于洗疗，对于各种皮肤病最有疗效。

知识点

　　与五大连池火山具有可比性的世界著名火山有美国夏威夷火山、印度洋中的留尼旺火山、法国的中央高地火山和东非大裂谷乌干达境内的托罗—安科尔火山。相同的是这几座世界著名的火山与五大连池火山的岩浆都属基性，其火山活动方式均属于夏威夷式喷发，火山喷发后形成的火山地貌景观也基本相似。不同的是，这几座火山的规模虽然比五大连池火山规模大，但是，五大连池火山地貌更齐全、更集中、更典型。

延伸阅读

　　五大连池风景名胜区自然保护区辖区内现有五大连池镇、风景区良种场、药泉林场、焦德布林场、大庆农场、几个部队农场、五大连池原种场；尾山农场、格球山农场、引龙河农场部分管理区；五大连池监狱部分分场；五大连池市双泉镇的双泉、东兴、向阳、一心、宝泉村，团结乡的永远、永安、永发村；讷河市茂山林场等。

●地貌奇观翻花石海 -----------------------------

江源县翻花石海

吉林江源县境内发现一处世界罕见的地质地貌奇观——翻花石海。此景观位于大阳岔镇北四方顶子西半山坡2000米处。据推断，这种地貌很可能是280年前，长白山休眠火山最近一次爆发形成的。

在吉林江源县不远的山上，有一个怪石坡，坡上是清一色的黑色石块，面积非常大，犹如石海。此"石海"坡度70°，东西长百余米，南北长百余米，面积万余平方米，黑色石块上有白色干青苔，裸露于半山坡。周围有近万株高山杜鹃花。"石海"半裸露的石块，方圆几十平方千米，上面生长着乔、灌木。远眺"石海"，在数万株高山杜鹃花掩映下，坡状"石海"像十几丈高的海浪翻滚涌动，气势磅礴。

此景观距吉林省地质地貌的大阳岔寒武—奥陶系保护区只有12千米，而距干饭盆溶洞只有6千米。黑石块坚硬致密，每一块都有篮球大小，一些石块的表面已被青苔覆盖，石块间夹杂生长着许多灌木。这些黑色的石块正是"翻花石"，属于玄武岩，含有大量的铁质，如此大面积的"翻花石"形成了"翻花石海"，这样的地质地貌在世界上也属罕见。

老黑山和火烧山附近的翻花石海

在黑龙江省五大连池市的老黑山和火烧山附近，就有这么一片地方，如同刚刚翻过还没有平整的田地上，大大小小的土块高低不平地堆积在地面上，土块棱角清楚，横七竖八地或立或卧，远远望去就像地面上堆满了乱石。不过这里可不是翻耕土地形成，而是火山熔岩造就的，熔岩形成的地面就像刚刚翻过的土地，地面上堆满了棱角鲜明的石块，油黑发亮、寸草不生。这片地方被人称为翻花石海。

老黑山和火烧山都是活火山，它们最近的一次喷发离现在还不到30年。

老黑山山高不过110米，而山顶的漏斗形火山口却深达130米。火烧山当年喷发时十分猛烈，山体被炸成了两半，所以人们也叫它两半山。

老黑山、火烧山喷发时，喷出的岩浆顺山势下流，在山附近形成了一片绵延10余千米、厚达40米的熔岩台地。岩浆凝固后形成的岩石呈青黑色。岩浆是流动过程中逐渐凝固的，所以熔岩台地表面的形态真是五花八门，有的地方像蜿蜒爬行的蟒蛇，有的地方如一条条绳索，有的地方似流水的漩涡，有的地方宛如河道中流放的木排，在地形变化、地势陡降的地方，还会形成石质瀑布。"翻花石"就是熔岩台地中的一段。岩浆中含有气体，凝固时气体会逸出，气体拱动岩浆，还形成了突起于地面之上的石塔和浅盘状的石碟。

知识点

"翻花石"是由火山岩聚集而成的地质景观。其形成原因，是在火山喷发时，岩浆流经裂缝地面，遭遇强烈喷气受阻，从而形成大面积的破碎熔岩。根据"翻花石海"地貌形成原因的推断，大阳岔林场的这座山上早些年前存有火山锥。史料记载，长白山最近的一次火山爆发在280年前，发现"翻花石海"的山系也隶属于长白山系。

延伸阅读

干饭盆是地名，位于吉林省长白山脉江源县境内，里面据说有九九八十一盆，大盆套小盆、盆盆相连、盆盆相接。令人感到神奇的是，此地像大西洋中的百慕大魔鬼三角一样充满了神秘，走进"干饭盆"，罗盘、指南针都有可能失灵，使来访者迷路，进得去出不来。

稀奇古怪的陆地

地球上的每一个角落，都有一些神秘的区域，都有一些神秘的现象，陆地上更是经常发生着人们意想不到的事情。也许我们听闻过这些现象，甚至亲眼见过，心里充满了不解和恐惧。然而，在我们不知道的世界里，还有更多令人匪夷所思或是心惊肉跳的现象：

令人惊奇的天坑；山间不明的鬼火、佛灯；南北两极绚丽的极光；作为地震前后常见的地光；生产出香味稻谷的香土地；会"唱歌"的沙丘；能吞噬人类的沙漠；以及神秘的图案麦田怪圈。这些是妖魔鬼怪在作祟，还是大自然不为人知的创造呢？

●令人称奇的天坑

天坑，就是指具有巨大容积、陡峭而圈闭的岩壁、深陷的井状或桶状轮廓等非凡的空间与形态特征，发育在厚度特别大地下水位特别深的可溶性岩层中，从地下通往地面，平均宽度与深度均大于100米，底部与地下河相连接（或者有证据证明地下河道已迁移）的特大型喀斯特负地形。

如今，已经被确认的天坑达78个，其中2/3都分布在中国。而科学界对于天坑的

天　坑

考察、认定和争论等，也在不断进行。喀斯特地貌在世界分布很广，约占地球总面积的10%，中国喀斯特约占全国总面积的13%，主要分布于南方的贵州、广西、重庆、四川、云南等省区，也是世界上最大最集中连片的喀斯特区。

天坑的成因

地质学家认为，天坑的成因大多分两种，多数天坑属于塌陷型（广西乐业天坑群等），而比较罕见的是冲蚀型（重庆武隆后坪冲蚀天坑群等）。

通常来说，天坑的形成至少要同时具备六个条件：一是石灰岩层要厚，因为只有足够厚的岩层，才能给天坑的形成提供足够的空间；二是地下河的水位要很深；三是包气带（含气体的岩层）的厚度要大；四是降雨量要大，这样地下河的流量和动力才足够大，足以将塌落下来的石头冲走；五是岩层要平。从天坑四周的绝壁看就会发现，岩层与地面是平行的，就像一层层的石板堆在四周一样，只有这样的岩层才能垮塌；六是地壳要突起，因为地壳运动可以给岩层的垮塌提供动力。

乐业天坑群之谜

科考专家称，分布在中国西南云贵高原东坡的乐业天坑群是目前世界最大的天坑群，目前已发现的近20座天坑几乎囊括了各种类型的天坑，是一座"天坑博物馆"和"世界岩溶圣地"。而专家们则在天坑群中最大的一个天坑里获得了许多令人震惊的发现。

乐业天坑四周被刀削似的绝壁所包围，形成了一个巨大的竖井。天坑的底部则是一片人类从没有涉足过的极为罕见的原始森林，面积达几十平方千米；森林里有溶洞群、地下河流相通。

在考察过程中，科学家在乐业天坑群周边地区发现了大量的生物化石。据了解，这些生物化石是二叠纪时期海洋动物化石。

同时，在天坑周边地区还存在着一个大型的旧石器时期人类生存的遗迹。这一发现已经被列入世界十大考古发现之一。专家们指出，这一遗址与北京周口店人类遗址的价值不相上下。此行，专家们将进一步对这些遗迹的价值作出评判，并揭示当时人类的生存状态。

大石围的底部还连着两条地下暗河，专家们在地下河里发现了盲鱼和一些虾、蟹等。暗河的水温十分奇特，将手探入水中，两条河的河水一冷一热。这究竟是什么原因造成的？专家们目前还无法确认。

对于乐业天坑群的形成时间，专家推测，它们大约形成于300万～400万年前的新生代第四纪。从调查的情况看，乐业天坑群在形成过程中曾遭遇了剧烈的地壳抬升运动。

然而，随着这些谜团的逐渐解开，一些新的谜团又衍生出来了：大石围附近的白洞天坑与冒气洞相连，一边洞口冒气，一边洞口吸气，这种奇异的呼吸景观专家一时无法解说；除已发现的天坑外，乐业县境内是否还存在不为人知的天坑？在这片神奇的崇山峻岭下面，是否还有正在继续坍塌的溶洞在某一天突破崩陷，成为新的天坑呢？这些问题有待专家进一步研究。

迄今为止，科考人员已在俄罗斯、澳大利亚、巴布亚新几内亚发现了类似的天坑。近年来重庆南川地区也发现了3个深约300米的天坑。而乐业天坑之多之深却是科学待解之谜。

知识点

天坑地缝位于地处重庆市奉节县城南岸38千米处，幅员面积456平方千米，北边紧靠长江三峡第一峡——瞿塘峡和历史名胜白帝城，东南与张家界相通，东邻巫山龙骨坡古人类文化遗址。由小寨天坑景区、天井峡地缝景区、九盘河景区、茅草坝景区、迷宫河景区和龙桥河景区等6部分组成。天坑地缝内分布着大大小小的喀斯特漏斗数不胜数，无数的世界级地下暗河交错分布，千奇百怪的溶洞形式各异，几乎囊括了当今世界喀斯特地质地貌奇观的巅峰之作，有"地质博物馆"的美誉。天坑坑口直径626米，坑底直径522米，坑深666米，总容积11934.8万立方米，是几座山峦间凹下去的一个椭圆形大漏斗。

延伸阅读

　　重庆武隆后坪冲蚀天坑群中的天龙天坑为"十字"形天坑，有天龙桥、青龙桥和周边的山壁合围而成，口部直径为522米，口部面积为19万平方米，最大深度276米。属于塌陷型天坑。塌陷型天坑集中发生在地下深处，是由地下的碳酸盐岩层被溶蚀后，形成崩塌，这些塌陷物不断地被水溶蚀和搬运，直至整个地下空间露出，形成天坑。

●神秘图案麦田圈------------------------------

麦田怪圈，外星人的杰作

　　17世纪以来，麦田怪圈的起源争论就不绝于耳。有人认为它们是人为的恶作剧，可是当英国、法国等世界各个地方都出现这些神秘图案的时候，人们不再认为它们是来自如此多无聊者的恶作剧了。而且要精确地做出这些复杂图案并不是一般的人力所能完成的。因此，更多的人相信：它们是外星人的杰作！

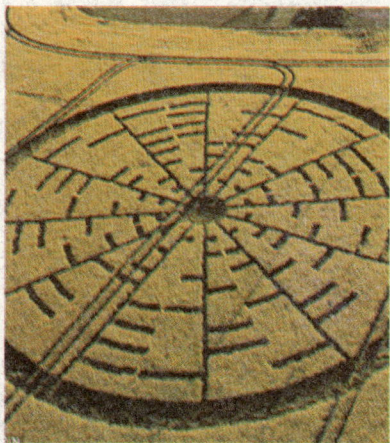

麦田怪圈

　　自从20世纪80年代初期以来，已经有2000多个这种圆圈出现在世界各地的农田里，使科学家和大批自命为麦田怪圈专家的人大惑不解。起先这些圆圈几乎只在英国威德郡和汉普郡出现，但近年来，在英国许多地区以及加拿大、日本等十多个国家，也有人发现这种圆圈。这种圆圈越来越大，也越来越复杂，渐渐演变成为几何图形，被英国某些天体物理学家称之为"外星人给地球人送来的象形字"。

神奇的麦田怪圈

最早的麦田怪圈是1647年在英格兰被发现的。当时人们也不知道这是怎么一回事，并在怪圈中做了一副雕刻。这副雕刻是当时人们对麦田怪圈成因的推测，当时的麦田怪圈是呈逆时针方向的。麦田怪圈常常在春天和夏天出现，几乎遍及全世界，无处不在。事实上，世界上只有中国和南非没有出现过麦田怪圈。

1990年5月，英国汉普郡艾斯顿镇的一块麦田上出现了一个直径20米的圆圈，圈中的小麦形成顺时针方向的螺旋图案。在它的周围另有4个直径6米的"卫星"圆圈，但奇怪的是，圈中的螺旋形却是逆时针方向的。

1991年7月17日，英国一名直升机驾驶员飞越史温顿市附近的巴布里城堡下的麦田时，赫然发现麦田上有个等边三角形，三角形内有个双边大圈，另外每一个角上又各有一个小圈。

1991年7月30日，威德郡洛克列治镇附近一片农田出现了一个怪异的鱼形图案，在接着的一个月内，另有7个类似的图案在该区出现。

最令世人感到震惊的麦田怪圈

最令世人感到震惊的，莫过于1990年7月12日在英国威德郡的一个名叫阿尔顿巴尼斯小村庄发现的麦田怪圈了。有1万多人参观了这个麦田怪圈，其中包括多名科学家。这个巨大图形长120米，由圆圈和爪状附属图形组成，几名天体物理学家参观后发表了自己的感想：这个怪圈绝对不是人为的，很可能是来自天外的信息。一些认为见过UFO照片的科学家认为，小麦倒地的螺旋图案很像是由UFO滚过而形成的。

1991年6月4日，以迈克·卡利和大卫·摩根斯敦为首的6名科学家守候在英国威德郡迪韦塞斯镇附近的摩根山的山顶上的指挥站里，注视着一排电视屏幕，满怀期望地希望能记录到一个从未有人记录到的过程：麦田怪圈的形成经过。

他们这个探测队装备了总值达10万英镑的高科技夜间观察仪器、录像机以及定向传声器。他们那具装在21米长支臂上的"天杆式"电视摄影机，使他们有更广阔的视野。他们之所以选择侦察这个地区，是因为这一带早已成为其他研究麦田怪圈人员的研究对象，仅仅几个月内，这一带就频繁出现了十几个大小不一的麦田怪圈，这引起了研究人员的浓厚兴趣。

他们等待了20多天，屏幕上什么不寻常的东西都没有看到，到了6月29日清晨，一团浓雾降落在研究人员正在监视的那片麦田的正上方。他们虽然看不见雾里有什么，但却继续让摄影机开动。到了早上6点钟，雾开始消散，麦田上赫然出现了两个奇异的圆圈。6位研究人员大为惊愕，立即跑下山来仔细观察，发现在两个圆圈里面的小麦完全被压平了，并且成为完全顺时针方向的漩涡形状。虽然弯了，但并没有被折断的麦秆，圆圈外的小麦则没有受到丝毫影响。

为了防止有人弄虚作假，探测队已在麦田的边缘藏了几具超敏感的动作探测器。任何东西一经过它们的红外线，都会触动警报器，但是那警报器整夜都没有响过。在麦田泥泞的地上，没有任何脚印或其他能显示曾有人进入麦田的现象。录像带和录音带没有录到任何线索，那两个圆圈似乎来历不明。

帕特·德尔加多是一位气象学家和地质学家，他从1981年起就开始研究麦田怪圈。他相信这些圆圈是"某些目前科学所未能解释的地球能量"所制造的，就像是百慕大三角所屡屡发生的奇事一样。

他曾记录了许多在圆圈里发生的"不可思议事件"。他发现一些本来运作正常的照相机、收音机和其他电子设备在进了圆圈之后就突然失灵。他又曾经在几个圆圈里录到一种奇特的嗡嗡声，它们被他形象地称为"电子麻雀声"。

麦田怪圈究竟是谁的杰作

自20世纪80年代以来，英国《气象学杂志》编辑，退休物理学教授泰伦斯·米登已审察过1000多个麦田怪圈，并就2000多个怪圈编制了统计数字。他相信真正的麦田怪圈是由一团旋转和带电的空气造成的。这团空气称为"等离子体涡旋"，是由一种轻微的大气扰动——例如吹过小山的风形成的。

"风急速地冲进小山另一边的静止空气，产生了螺旋状移动的气柱"，他解释说，"接着，空气和电被吸进这个旋转气流，形成一股小型旋风。这个涡旋一旦触及地面，就会把农作物压平，使农田上出现螺旋状图案。"

可是，米登的论点似乎只能解释那些简单的麦田怪圈，而那些复杂的麦田怪圈又该作何解释呢？旋风是绝对不会吹出钥匙形和心字形的。

还有一种论点认为麦田怪圈是心灵的产物，1991年8月的某天，一位工程师和他的有着第六感觉的妻子从牛津城出发沿着A34公路驱车回家时，他的妻子说："我真希望我们能亲自发现一个麦田怪圈。"话刚出口，他们便在路旁附近田间发现了一个哑铃状的农田圆圈。可是，至今还没有找到第二个例子。

关于麦田怪圈更多的人认为与飞碟和外星文明有关。在欧美有很多专家都在研究"麦田圈"，并且也认为"麦田圈"很可能是外星人与地球人的一种沟通方式。他们将这种沟通方式称为"星际通信"。对"麦田圈"进行研究，则是人类了解宇宙的一种新方法。经过研究很多专家都发现，"麦田圈"中，有的寄意了宇宙宏结构，有的表意高科技创意，有的预示演变信息，有的揭示宏观宇宙和微观宇宙机理玄机……因此，研究和破译这些极可能是外星人送给我们的暗示图符，是更加有意义和与时代发展相吻合的举动。

但是从科学角度上讲，麦田怪圈现象至今尚未得到圆满的解释，与UFO一样这或许是科学家们面临的不得不攻克的一道难题吧！

知识点

麦田怪圈，就是在长满麦子的麦田一夜之间出现有些麦弯曲而伏倒呈现有规律的圆圈形图案，因为大多以图形为主，故得此名。麦田怪圈是将麦秆或压倒或倾斜与直立的麦秆形成参差层次而出现的图案。这一行为，对麦田本身并没有损害，但是却能形成非常壮观的视觉效果，怪圈从空中看的时候，十分美丽。这些图案的来历一直被人们视为地球最大的谜团之一。

延伸阅读

象形文字来自于图画文字，是一种最原始的造字方法，图画性质减弱，象征性质增强。因为有些实体事物和抽象事物是画不出来的，它的局限性很大。埃及的象形文字、苏美尔文、古印度文以及中国的甲骨文，都是独立地从原始社会最简单的图画和花纹产生出来的。

● "佛灯" "鬼火" 不明火 --------------------

名山之上佛灯穿梭

千百年来，我国的庐山、峨眉山、青城山等名山，一直流传着佛灯(又名圣灯、神灯)之说。历代文人和学者也屡有记载。在青城山主峰高台山顶的上清宫旁有神灯亭，可观看对面大面山出现的神灯；峨眉山看佛灯的地方在金顶睹光台；庐山看佛灯的地方在大天池的文殊台。这些地方偶遇月隐之夜，山下黑沉沉的幽岩间，会突然涌现出十到数百点荧火光。

火光时大时小，时聚时散，忽明忽灭，忽东忽西，或近或远，高者天半，低者掠地。古人把它们看成是过路的神灵或仙佛手提灯笼穿行在天地之间，这便是所谓的佛灯。据记载，"灯"的颜色有白、青、蓝绿色等。

庐山佛灯之谜迷雾重重

1961年秋天，我国著名的地理学家竺可桢，曾特地将佛灯作为庐山大自然的三大谜题之一，向庐山有关研究所提出来，希望科学工作者能认真予以研究。

在对佛灯的研究中，有人认为这是山下灯光的折射，有的说是星光在水里的反射，有的说是一种大萤火虫在飞舞，还有的说山中蕴藏着能发出荧光的矿石……而最普遍的解释是磷火说，认为佛灯即民间所说的"鬼火"。

但研究者认为磷火说的漏洞也很多：一是磷火多贴着地面缓缓游动，不可能飘得很高，更不会"高者天半"或"有从云出者"；二是磷火的光很弱，庐山文殊台和青城山神灯亭的海拔皆在1000米以上，峨眉金顶海拔超过3000米，不可能看得那么清楚。

1981年12月，庐山云雾所收到研究者的来信，他对佛灯的来源提出了一个全新的看法，认为它是"天上的星星反射在云上的一种现象"。研究者称夜间无月亮时在云上飞行，飞机下面铺天盖地的云层就像一面镜子。从上往下看，不易看到云影，只能看到云反射的无数星星。飞行员在这种情况下易产生"倒飞错觉"，就会感到天地不分，甚至会觉得是在头朝下飞行，从而联想到天黑的夜晚，若有云层飘浮在大天池文殊台下，把天上的群星反射下来，就有可能出现佛灯现象。由于半空中的云层高低不一，运移不定，所以它反射的荧荧星光也不是固定的，也许在这个角度反射这一片，在那个角度就反射另外一片，从而映出闪烁离合、变幻无穷的现象。

然而这种云反射星光的现象应该是相当普遍的，而佛灯却并非每处高山都能见到。就是在庐山、峨眉山和青城山上，也只有特定地点才会出现，可见这尚不足以定论。

必须指出的是：竺可桢当年在庐山提出的另外两个自然之谜，一是庐山云雾为何有声音，二是庐山雨为何自下向上跑。这里我们不禁要问，这种声响和雨往上

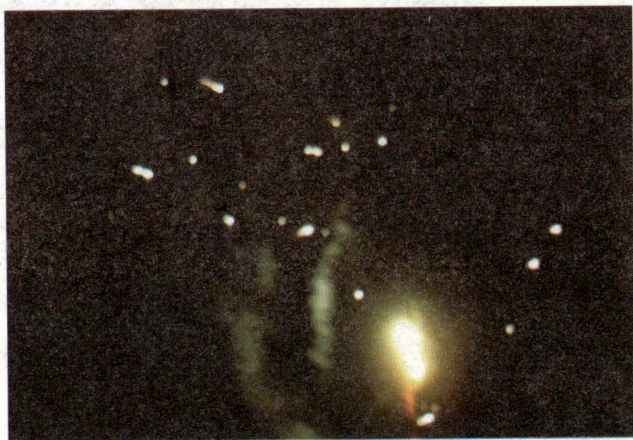

鬼　火

跑及特定地点出现的佛光，是否也是与庐山所处的地理位置有关系呢？

"鬼火"谜团大探索

无独有偶，美国新泽西州毗邻长谷镇的一条铁路线，每到夜晚往往会发现低空中突现亮光，随风摇曳，到处飘游。起先，人们不明它的成因，便疑为"鬼火"。

1976年"鬼火"的传说引起了一些科学家的注意，他们便成立了一个名叫"现象"的研究机构，对"鬼火"的成因进行了探索。起初，他们怀疑，可能是铁路线上的钢轨在起作用，可是钢轨拆除后，"鬼火"仍然不断出现，这就证明与钢轨无关。后来，研究者们又把所有出现"鬼火"的地方全都标绘在地图上。这时，他们发现"鬼火"都出现在石英矿的断层带附近，显然这与石英的压电效应有一定联系。为了验证这一设想，他们使用了多种仪器来记录人工地震时可能产生的种种效应。

果然，当地震发生时，仪器记下了石英因受压而产生激变电压并伴随出现无线电波辐射。与此同时，红外摄像仪上则拍下了"鬼火"的真迹，从而证实了"鬼火"的产生确实与石英的压电效应有关。据此，他们认为，由于长谷镇附近的断层是一种活动断层，当断层发生错动时，地下的石英受到压力，产生压电电荷。电荷聚集到一定数量便会放电。若放电足够强烈，就会使近地面的空气大量电离，温度骤升，放出熠熠群光，出现一团团直径为5~100厘米大小的光球。

"佛灯"与"鬼火"相似的机制

这里，我们联想到"佛灯"与"鬼火"产生的机制很可能是相似的。那么雨往上跑和断裂带上的位移是否也与这种放电有关呢？UFO无视地球的引力作用，也许因为这些外星人已掌握了放电、辐射与引力之间的关系。

然而，种种猜测不足以表明事件的真相，这件事情于是成就了民间口口相传的事件，直至今日。

知识点

鬼 火

一般认为是山中千百年来死去的动物骨骼或含磷地层中所含的磷质，与空气中的水分发生作用，产生磷化氢和四氧化二磷气体，它们在空气中极易自燃，因为空气轻而随风飘动，故有闪烁离合的景象。由于磷化氢燃烧时光不强，所以必须是在没有月光的夜晚才能看到。

延伸阅读

石 英

是一种无机矿物质，主要成分是二氧化硅，常含有少量杂质成分，为半透明或不透明的晶体，一般乳白色，质地坚硬。石英是一种物理性质和化学性质均十分稳定的矿产资源，晶体属三方晶系的氧化物矿物，即低温石英（a-石英），是石英族矿物中分布最广的一个物种。

● 南北两极闪极光 —————————————————————

绚丽多彩、变幻无穷的极光

美丽的极光通常于夜间出现在地球南、北两极附近的高空。其体态五花八门，色彩绚丽缤纷，美轮美奂，让每一个观赏者都对其神往。那么，大自然这位能工巧匠是怎么打造出如此美妙的天文奇观来的呢？极光又是因何发出声音的呢？我们在欣赏大自然的这一杰作时，更想探究一下极光形成之谜。

在地球南、北两极附近的高空，夜间常会出现一种奇异的光，这就是美丽的极光。在世界上简直找不出两个雷同的极光形体来，从科学研究的角度，人们将极光按其形态特征分成五种：一是底边整齐微微弯曲的圆弧状的极光弧；二是有弯扭折皱的飘带状的极光带；三是如云朵一般的片朵状的极光片；四是像面纱一样均匀的幔帐状的极光幔；五是沿磁力线方向的射线状的极光芒。

极光形体的亮度变化也是很大的，从刚刚能看得见的银河星云般的亮度，一直到满月时的月亮亮度。在强极光出现时，地面上物体的轮廓都能被照见，甚至会照出物体的影子来。

最为动人的当然是极光运动所造成的瞬息万变的奇妙景象。我们形容事物变得快时常说："眼睛一眨，老母鸡变鸭。"极光可真是这样，翻手为云，覆手为雨，变化莫测，而这一切往往发生在几秒钟或数分钟之内。极光的运动变化，是自然界这个魔术大师，以天空为舞台上演的一出光的活剧，上下纵横成百上千千米，甚至还存在近万千米长的极光带。这种宏伟壮观的自然景象，好像沾了一点仙气似的，颇具神秘色彩。

令人叹为观止的则是极光的色彩，早已不能用五颜六色去描绘，简直可以说是色彩斑斓。说到底，本色不外乎是红、绿、紫、蓝、白、黄，可是大自然这一超级画家用出神入化的手法，将深浅浓淡、隐显明暗一搭配、一组合，一下子变成了万花筒。根据不完全的统计，目前能分辨清楚的极光色调已达160余种。

极光是大自然的杰作

在相当长的一段时间内，人们一直认为极光可能是由以下三种原因形成的。一种看法认为极光是地球外面燃起的大火，因为北极地区临近地球的边缘，所以能看到这种大火。另一种看法认为，极光是红日西沉以

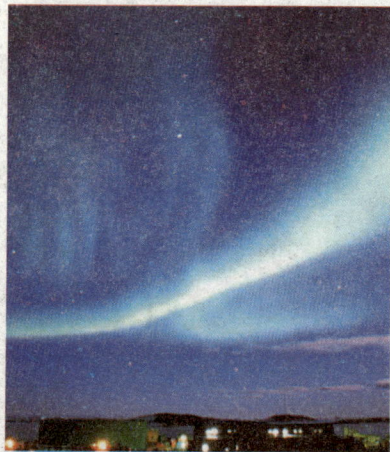

极 光

后，透射反照出来的辉光。还有一种看法认为，极地冰雪丰富，它们在白天吸收阳光，贮存起来，到夜晚释放出来，便成了极光。总之，众说纷纭，无一定论。直到20世纪60年代，人们将地面观测结果与卫星和宇宙飞船探测到的资料结合起来研究，才逐步形成了极光的物理性描述。

极光特别的显现特点

如果我们乘着宇宙飞船，越过地球的南北极上空，从遥远的太空向地球望去，会见到围绕地球磁极存在一个闪闪发亮的光环，这个环就叫做极光卵。由于它向太阳的一边有点被压扁，而背太阳的一边却稍稍被拉伸，因而呈现出卵一样的形状。极光卵处在连续不断的变化之中，时明时暗，时而向赤道方向伸展，时而又向极点方向收缩。处在午夜部分的光环显得最宽最明亮。长期观测统计表明，极光也是很爱"挑剔""出场地"的。极光最经常出现的地方是在南北极纬度67°附近的两个环带状区域内，分别称作南极光区和北极光区。在极光区内差不多每天都会出现极光的身影。在极光所包围的区域，通常叫做极盖区，在该区域内，极光光顾的机会反而要比纬度较低的极光区来得少。在中低纬地区，尤其是近赤道区域，极光很少露面，但并不是说压根儿观测不到极光。即便这类极光出现，它也往往与特大的太阳耀斑爆发和强烈的地磁暴有关。

极光声音未解之谜

极光不仅是个光学现象，而且是个无线电现象，可以用雷达进行探测研究，它还会辐射出某些无线电波。有人还说，极光能发出各种各样的声音。极光不仅是科学研究的重要课题，它还直接影响到无线电通信、长电缆通信以及长的管道和电力传输线等许多实用工程项目。极光还可以影响到气候，影响生物学过程等许多方面。

那么，极光又是为何发出声音的呢？我们还没有得到答案。我们不得不佩服大自然的鬼斧神工，创造了如此绚丽多彩、变幻无穷的极光，对于这个大自然的杰作我们还有很多谜团没有解开，也许有一天这些迷雾将会烟消云散……

知识点

极光的产生

现在人们认识到，极光一方面与地球高空大气和地磁场的大规模相互作用有关，另一方面又与太阳喷发出来的高速带电粒子流有关，这种粒子流通常称为太阳风。太阳是一个庞大而炽热的气体球，在它的内部和表面进行着各种化学元素的核反应，产生了强大的带电微粒子流，并用极大的速度向周围空间发射。当这种带电微粒子流射入地球外围那稀薄的高空大气层时，就与稀薄气体的分子猛烈地冲击起来，于是产生了发光现象，这就是极光。由此可见，形成极光必不可少的条件是大气、磁场和太阳风，缺一不可。其实具备这三个条件的还有太阳系其他行星，如木星和水星，它们的周围也会产生极光。

地磁场分布在地球周围，被太阳风包裹着，形成一个棒槌状的胶体，它的科学名称叫做磁层。在极光发生时，极光的显示和运动则是由于粒子束受到磁层中电场和磁场变化的强度造成的。

延伸阅读

木星极光

2000年南欧洲天文台拍摄到了木星上极光的照片，和木星两极上空的烟雾，这是科学家第一次清楚拍摄到木星两极的情况。使用南欧洲天文台的红外线望远镜，科学家可以更清楚地观察到木星极光和其北极上空的烟雾。科学家指出，极光是环绕木星的磁轴，而这些烟雾，是环绕着木星的旋转轴，是在极光环之下；烟雾是受到木星上的地带风影响，这些地带风是在同一纬度上移动的；科学家相信，木星以10小时一次的迅速自转，也会影响两极上空烟雾的移动。

●地光是从哪里来 ----------------------------

地震前后的地光现象

地光，作为地震前后常见的一种自然现象，早在《诗经》里就有记载。近年来，我国发生的海城、邢台、唐山、松潘等大地震中，地光也屡有出现。根据观察，地光的形态可谓多种多样，颜色白色、红色、粉红色、橙红色、绿色和蓝色等，形状有闪电状、朦胧弥漫状、条带状、柱状、信号弹状、散射状和火球状等。

地光现象伴随地震而生

地光的来临，往往预示着大地震很快就要发生了。如果此时能迅速果断地采取一些避震措施，是有可能躲开地震灾害的。

1975年2月4日海城地震前，一列从大连开往北京的客车在行驶途中，司机突然发现列车前方有大片紫红色的耀眼亮光，司机马上联想到可能是地光，于是立即采取措施，紧急停车。列车刚刚停稳，大地震就发生了，从而避免了一场车翻人亡的重大事故。

1976年7月28日唐山地震前，一些人因故连夜进城，却在城外看到最为明亮的蓝白色地光，于是没有贸然进入唐山。结果不到10秒钟，唐山一带便山崩地裂，举世震惊的唐山大地震发生了，而这些没有进城的人却意外得救了。

地光的成因

有关地光的成因，科学界说法不一，主要有以下几种说法：

摩擦生热说：这是米尔恩于1898年首先提出的，它源于锤子敲击岩石迸溅火星的启发，认为地光是地震时岩块相对运动发生摩擦而产生的发光现象。但是，这一理论却不能解释地光的各种现象，如有些地光发生在半空中，有些地光还伴随着日光灯式自动闪烁，以及地光以球形和柱形出现的缘由等。

水的毛细管电位理论：这是日本学者寺田寅彦根据物理学原理在1931年提出来的。他认为，一场强烈的地震所影响的深度可与地面上波及的范围相当。在地震影响的深度范围内，地下水受到挤压，便通过许多毛细管般的岩石孔隙向上移动，产生流动电位。寺田推测地下水所受的压力，相当于100千米厚的岩柱所产生的压力，根据流动电位的计算公式可得出，地下水流动所产生的电位差达到300万伏。显然，这样巨大的电位差足以导致产生高空放电形成地光。但也有人对此观点提出质疑，认为地光并不都发生在高空，而且对其计算结果也表示怀疑。

压电效应理论：物理学实验发现，许多晶体在受到挤压或拉伸时，会在2个平面上产生相反的电荷，这种现象被称为"压电效应"。1970年，芬克尔斯坦和波威尔指出：当石英在地壳岩层中作有规律排列时（如果无规律，则产生的压电效应将互相抵消），如果沿长轴排列的石英晶体的总长度相当于地震波的波长（近于2千米）时，就会产生地震电效应。若地震压力的压强为30～300帕，就可能产生500～5000伏/厘米的平均电场。而这个电场足以引起类似暴风雨时闪电般的低空放电现象，产生地光。这显然与地光在强震区当中不论其地下岩石性质如何都与广泛出现的实际情况不相吻合。但是，这种理论却没能解释在一些震区有时可以观察到的"电子暴"现象。

低空大气发光理论：1961年，日本学者安井丰提出，在地震区常常会有以氢为主要成分的放射性物，被从地里"抖"到大气中。尤其是在含有较多放射性物质的中、酸性岩石分布区和断层附近，大气中的氢含量将有显著提高，这也将使大气电离化增强，导电率增加。安井受芬克尔斯坦的启发，认为如果这时地面存在一个天然电场，这个电场可以由压电效应产生，那么就会向空中大规模地放电，使地光闪烁起来。目前，这一理论也是解释地光形成原因的许多假说中比较成功的一个。

　　但是，要彻底揭开地光产生的原因，还需科学家进一步加强对地光的观察与记录，还要用现代的先进技术装备及时地捕捉有关地光的各种信号，并仔细区分不同的地光类型。可以相信，随着探索和研究的深入，我们终将洞悉地光的秘密。

知识点

　　地光与地震：地光是地震前兆之一，是在地震前夕出现在天边的一种奇特的发光现象。其颜色以蓝白色和红色居多，黄色次之，其他颜色也有。地震前夕产生地光的原因是地下深处的岩石中含有氦、氩、氖、氙等气体，地震即将来临时，地下岩石受力变形并产生了许多的小裂缝，这些挥发性气体便从地下逸出。同时，岩石破裂时产生漫射电子将这些气体点燃，于是便形成了地光。大地震时，人们用肉眼观察到的天空发光的现象。

地　光

延伸阅读

　　晶体即是内部质点在三维空间呈周期性重复排列的固体。晶体按其结构粒子和作用力的不同可分为四类：离子晶体、原子晶体、分子晶体和金属晶体。固体可分为晶体、非晶体和准晶体三大类。

●香味土地产香稻

种出香稻的水田

　　在广阔的平原上，土地是随处可见的。但是你见到过发出香味儿的土地和能种出香稻的土地吗？

　　在四川省石柱土家族自治县的悦来乡寺院村土家山寨有5块神奇水田，这几块水田能使普通水稻变成香稻。

　　这5块地的面积约有2亩，位于寺院村数百亩梯田的中央，从外观上看并没有什么奇异之处，但这块地种出的稻谷却是香气宜人，馥溢四邻。最奇怪的是不管种什么样的品种的稻子，最后丰收的还是香稻。而且即便在很干旱和其他灾害的季节里，它也不会颗粒无收，其稻香气味更不会减弱。

　　据说石柱寺院香稻在汉朝时就名扬华夏，是巴蜀官吏呈献皇宫的贡品，而普通平民却只能种而不得食，所以有"皇米"和"宫米"之称。为什么只有这5块土地可以种出香稻呢？有人认为这5块土地中含有某些特殊的物质，但这些特殊的物质是什么呢？似乎还没有人解答。

喷射香味的香地

　　在湖南省洞口县清水村西北方向，有一块面积约50平方米左右的怪地。这块地被称为"神仙香地"，一年四季都散发出奇特的香气。但只要超出香地范围一步，香味就闻不到了。曾有人想挖地寻宝，但一无所获。香气还随天气变化而变化。早晨露水未干时特别香，太阳如火的正午微香，日近黄昏或雨过天晴香味又慢慢变浓。并且其香味甚为奇特，谁也说不出是什么花草的香味。有人推测可能是地下放射出来的一种矿物质微量元素，但究竟是哪种微量元素谁也说不清。

有人做过试验，认为甲苯气味与当地香味相符，因此他们认为香地发香是由于地层深处有甲苯的存在，所闻到的气味是甲苯的气味。香地的所在地煤矿资源丰富，而煤在一定条件下会产生苯。

因此得出结论：香地的香味来自地下岩层的煤，散发香味的物质是甲苯，且与该地岩层局部断裂有关。但是我国的煤田很多，煤田地带岩层局部断裂现象也应该不在少数，为什么那些地方就没有香气呢？所以这个结论还需要进一步研究才能确认。

📎 知识点

一般稻米基因组由约5000个基因组成。香稻之所以"香"，是因为发生了基因突变，香稻实际上包含有非正常基因。在它的基因图谱中，有8个基因处于"停工"状态。科学家说，他们目前正在研究，是否可以将其他稻米基因组中相同位置的8个基因"人工破坏"，使其处于"停工"状态，从而达到改普通稻米为香稻的目的。

📚 延伸阅读

甲苯是一种无色透明的液体，有类似苯的芳香气味。甲苯毒性小于苯，但刺激症状比苯严重，吸入可出现咽喉刺痛感、发痒和灼烧感；刺激眼黏膜，可引起流泪、发红、充血；溅在皮肤上局部可出现发红、刺痛及疱疹等。重度甲苯中毒后，或呈兴奋状：躁动不安，哭笑无常；或呈压抑状：嗜睡，木僵等，严重的会出现虚脱、昏迷。

●沙丘"歌唱"刻成盘 ————————————

大自然的奇妙，沙丘在歌唱

沙丘也会唱歌，唱的歌声也能刻录成CD盘。南撒哈拉人认为这声音是沙丘的大力神——鲁尔的笑声。它会用唱歌来逗弄那些因恐惧和口渴而心慌意乱的旅行者。然而，事实上沙丘究竟为何会唱歌？

科学家们将通过研究，告诉人们原因。大自然的神奇真叫人赞不绝口，沙丘居然也有美妙的歌喉，能歌会唱。人们在沙漠中行走时经常会听到沙丘发出不同的声音，它虽然没有流行音乐那般动听，却也让人领略到大自然的奇妙。这种声音在10千米以外就可以听到，像战鼓或者低速飞行的喷气式飞机的声音，甚至像管风琴，声音强度可以达到105分贝。

一百多种会唱歌的沙丘

千百年以来，世界各地的旅行家和专家都记载过奇特的鸣沙现象。世界上已经发现了100多种会发声的沙滩和沙漠。如美国的长岛、马萨诸塞湾、威尔斯两岸，英国的诺森伯兰海岸，丹麦的波恩贺尔姆岛，波兰的科尔堡，还有蒙古戈壁滩、智利阿塔卡玛沙漠、沙特阿拉伯的一些沙滩和沙漠，都会发出奇特的声响。

这种自然现象在世界上不仅分布广，而且沙子发出来的声音也各不相同。比如，苏格兰爱格岛上的沙子，能发

沙　丘

出一种尖锐响亮的声音，就好像食指在拉紧的丝弦上弹了一下。中国鸣沙山的沙子能发出轰隆的巨响，像打雷一样。最有意思的要属夏威夷群岛考爱岛西南岸有一片长800米、高18米的大沙丘。当人在沙丘上走动时，沙子会发出类似"汪汪"的狗叫声，把沙放在手掌中猛搓一下，也会发出同样的声音。

中国在许多地方都曾发现过响沙，因此被称为"鸣沙王国"，其中最著名的响沙有三处：第一处是甘肃敦煌县城南6000米的鸣沙山；第二处是宁夏中卫县沙坡头黄河岸边的鸣沙山；第三处是内蒙古库布尔漠罕台川两岸的响沙湾，又名"银肯响沙"。

最嘹亮的沙丘歌声可与超音速飞机相比

一般按发声不同而将能发声的沙丘分为两大类：一类是声音较小的"哨沙"，也称"音乐沙"或"歌唱沙"，这类鸣沙听起来曲调优美和谐；另一类则发生在规模较大沙漠地带的沙丘上，叫做"轰鸣沙"。这类沙丘有时发出低沉有力的轰鸣声，有时发出的声音则像万马奔腾。中国的响沙多数属于轰鸣沙。

哨沙在剪切移动或压缩时会发出短促和高频的声音，持续时间一般短于1/4秒钟，声音频率在500～2500赫兹之间。哨沙多发生在河畔、海滩和湖畔，是一种常见的响沙。而轰鸣沙则比较少见，往往在沙漠深处的沙丘上才能听到它的轰鸣。轰鸣沙是在沙堆崩落时发出的轰鸣声，声音大而低沉，持续时间也较长，声音频率一般在50～300赫兹。轰鸣沙的"歌声"最长可持续15分钟，且最大的声音能与低飞的超音速飞机相提并论。

科学界对于鸣沙成因各持己见

尽管，科学界普遍认为鸣沙的声音是沙粒在滑落时发出的嗡嗡声，但是他们对于这种现象形成的具体原因仍存在争议。

有的学者则认为，由于不同的风向长期吹动着沙粒，使它们变得颗粒大小均匀，非常洁净，同时也具有许多微小的像蜂窝一样的孔洞。鸣沙能发出声响很可能就是由这种具有独特表面结构的沙粒之间的摩擦共振造成的。

还有说法认为，每个沙丘的内部都有一个密集又潮湿的沙土层，它的深度随着雨水的多少而改变。到了干燥的夏天，这个潮湿层就比较深，它被上面的沙土层全部覆盖了起来，潮湿层的底下又是干燥的沙土层，这就可能构成一个天然的共鸣箱。当沙丘崩塌，沙粒沿着斜坡往下滑动的时候，干燥沙粒的振动波传到潮湿层，这时就会引发共鸣，使得沙粒的声音扩大无数倍而发出巨大的声响。

沙粒的"外衣"是发声的关键

法国国家科研中心的斯特凡那·杜阿迪和同事从摩洛哥正"唱歌"的沙丘中运来了一些沙子进行研究。他们发现用手和金属手柄拨弄沙粒时，沙子会发出各种音符。他们据此断定这些噪声是整座沙丘的沙粒产生共鸣的结果。然而奇怪的是，这些沙粒在1个月后突然停止了"歌唱"。为找出原因，他们在显微镜下研究了沙粒的大小和形状。

他们发现起初每一粒沙的外层都裹着一层由硅、铁和锰组成的在远古海洋中形成的光滑外壳。后来在"哑巴"沙粒上的这层壳已经被磨掉了，而这正好解释了为什么只有某些沙丘才能唱歌。

据此在大范围内的现象是可以解释的。当沙丘滑落时，上层的沙粒在下层的沙粒上滑动，落在缝隙中，然后继续滑行、下落，在此过程中沙粒以不同的频率相互撞击，在流动层形成固定的声波。这些声波一个个叠加，使得整个层面都振动起来，就像一个扩音器一样。最有趣的是那些巨大的沙丘，只需要极薄的2～3厘米厚的沙层就能够形成共鸣。这时，所有的沙粒都开始振动了，并根据规模大小不同而发出或高或低的响声。

美妙动听的沙丘之歌让人为之着迷，沙丘究竟为何有如此好的"歌喉"？沙粒外壳上不同成分的作用是什么？这些问题还需要人们研究后得出结论。

知识点

在实验室里，杜阿迪用一个机械发动机使各种不同质量的沙粒翻滚起来，并不断改变速率，从而控制了发声的频率，弄出不同的富有表现力和感情的音符，并将这些沙粒的声音都制作到了CD里面。也许不要多久，这种奇特的沙丘音乐将会十分畅销，像摇滚乐一样风靡全世界。

延伸阅读

在中东的文学作品中，以及12世纪前的中国都有过沙丘唱歌的记载。1295年，意大利探险家马可·波罗就在其著作中提到在中国西部和中亚地区沙漠中的轰鸣沙，他在路过这些地方时听到沙漠中有类似于用各种乐器声、鼓声和武器碰撞的声音。《一千零一夜》中对此也有描绘，甚至在达尔文讲述他的环球旅行的著作中也曾提到过这一现象。

神秘地带"食人沙"

被视为能将人吸入无底洞的大怪物：流沙

大自然蕴藏着重重杀机，流沙也如同魔鬼般张开大口，要将人吞食。这个杀手隐藏手段极高，在不经意间，人就可能成为它的"口粮"。流沙为什么要食人呢？我们如何才能自救？

流沙是造物主创造出的最恐怖的食人恶魔之一，它是一个天生的隐藏高手，它可能隐藏在很多地方，无论是河滨海岸还是邻家后院，都有可能是它的隐身之处，它在那里非常有耐心地静静等待人们不经意的靠近，从而找准机会张开血盆大口将人吞掉。

在公元1692年时，牙买加的罗伊尔港口就曾发生过因地震导致土壤液化而形成流沙，最后造成1/3的城市消失、2000人丧生的惨剧。看似平静的英国北部海边、美丽而危险的阿拉斯加峡湾等地也曾发生过流沙陷人的悲剧。一旦人们身陷其中，往往不能自拔，同伴只是爱莫能助，眼睁睁地看着受困者顷刻之间被沙子吞噬。

流沙形成的原因

一直以来，人们以为流沙是由滚圆度良好的圆粒沙组成，沙粒间能互相辗转滚动，于是有人踏在上面，由于受到重力作用，滚动的沙粒便转动着"让路"，人就往下陷；普通的沙地是由棱角状的沙子构成，这种沙子会互相嵌合，形成结实的地面。

然而，当科学家把两种沙粒放在显微镜下仔细对比时，这种说法又被推翻了，经观察发现流沙和普通沙子一样，也是由棱角状沙粒构成的。

有人猜想可能是存在润滑液。因为如果沙粒表面果真有润滑液存在，沙粒之间的摩擦力较小，自然放置其上的物体也易于下陷。可是，人们在沙粒表面没有找到所谓的润滑液。

后来，一位科学家发现流沙在干旱季节也很坚实。这么说来，流沙必定与水有关。于是，他设计了几种不同的实验，让水以不同方式从沙内流过。结果发现：当水从沙的下面往上注入沙内时，发生了流沙现象。

这样，人们终于揭开了其中的奥秘：原来流沙是地下水涌入沙内引起的。由于上流的水冲力，使沙粒互相散开，沙粒不再互相叠加，而是被水托着，呈半漂浮状态。在这种情况下，人或牲畜踩在沙面上，便会像在水中一样往下沉。

流沙表面受到运动干扰就会"液化"

荷兰阿姆斯特丹大学的柏恩在一次前往伊朗的度假旅行之中，遇见过一位当地牧羊人。牧羊人告诉柏恩，村里曾有骆驼陷下去后就立即消失。回国后，柏恩就对此疑团展开研究。他仔细观看和分析了数十部描述到流沙噬人场景的电影，发现这些电影对流沙的描述根本就是错误百出。后来，柏恩在实验室里将细沙、黏土和盐水混合在一起，重建一个微型室内流沙模型来进行研究。

经过反复实验，柏恩领导的科研人员发现，要把沙子变得像太妃糖一样黏比较难，得需要好几天时间，但要让它失去黏性则很容易，只要在其表面施加适当的压力即可。一旦流沙表面受到运动干扰，就会迅速"液化"，表层的沙子会变得松松软软，浅层的沙子也会很快往下跑。这种迁徙运动使得在流沙上面运动的物体下沉。然而，随着下沉深度的增加，从上层经迁徙运动掉到底层的沙子和黏土逐渐聚合，便会创造出厚实的沉积层，使沙子的黏

沙漠中的骆驼

性快速增加，阻止了物体进一步下陷。

密度大于流沙的物体也会在流沙上受到浮力

研究还发现，当物体陷入流沙后，被流沙吞掉的速度要由物体本身的密度决定。流沙的密度一般是2克/立方厘米，而人的密度是1克/立方厘米。在这样的密度下，人类身体沉没于流沙之中不会有灭顶之灾，往往会沉到腰部就停止了。然而，即便是一些密度比流沙大很多的物体，也能浮在流沙上。研究人员将一个密度为2.7克/立方厘米的铝盆置于流沙的顶部，尽管其密度大于流沙，但由于受流沙浮力和沙面张力的影响，铝盆仍能平静地站在流沙的表面。当科学家开始轻轻晃动这个铝制容器时，情况发生了变化，容器稍稍下陷了一点，当他们用力摇晃时，这个容器慢慢沉入沙底。

将脚从流沙中拔出来需要抬起一辆汽车的力量

陷入流沙的人一般都动弹不了，密度增加以后的沙子黏在掉进流沙里的人体下半部，对人体形成很大的压力，让人很难使出力来。即使大力士也很难一下子把受困者从流沙中拖出来。如果以每秒钟1厘米的速度拖出受困者的一只脚就需要约10万牛顿的力，大约相当于举起一部中型汽车的力量。所以除非有吊车帮忙，否则很难一下子把掉进流沙的人拉出来。照这种力量的计算，如果生拉硬扯，那么在流沙"放手"前，人的身体就已经被强大的力量扯成两截。此举所造成的危险远高于让他暂时停在流沙当中。

陷入流沙中的生命危险

其实绝大多数流沙和一般沙子的区别不大，并没有电影中描述的那么可怕，它原理上只是被渗入了水的沙子，由于沙粒间的摩擦力减小，形成了半液态、难以承重的沙水混合物。流沙通常出现在海岸附近，一般挺浅的，很少有超过几英尺深的。陷在流沙中的人仅感到胸部有些压力，呼吸较困难，并不会有什么生命危险。流沙附近上涨的潮水才是受困者最可怕的敌人。

如果陷入流沙后，大力挣扎或是猛蹬双腿只能加速沙子的沉积，增强流沙的黏性，使人越陷越深，最后被它吞掉。面对如此凶恶的食人魔鬼，我们目前还没有很好的方法来反抗它，但是，随着科技的发展，终有一天我们会征服它，让它臣服于人类的管制之下，不再危害人类。

知识点

逃脱流沙的方法，那就是受困者要轻柔地移动两脚，让水和沙尽量渗入挤出来的真空区域，这样就能缓解受困者身体所受的压力，同时让沙子慢慢变得松散。受困者还要努力让四肢尽量分开，因为只有身体接触沙子的表面积越大，得到的浮力就会越大。只要受困者有足够耐心，动作足够轻缓，就能慢慢地脱险。

延伸阅读

太妃糖

英文Toffee的意思是西式糖果，也是糖的一个种类的统称，用红糖或糖蜜和奶油做成的硬而难嚼的糖。太妃是由"Toffee"音译而来，有时也叫"拖肥"，本义是柔软、有韧性的意思。一般是由炼乳、可可液、奶油、葡萄糖浆、香兰素和榛子经过充分细致地搅拌、烘烤而成。

光怪陆离的海洋

世界各处都存在很多诡异的神秘现象，有些已经被科学证实了，然而更多的是科学也无法给出确定的解释，尤其是海洋、湖泊、泉水中的一些神奇现象。水是生命之源，千百年来，在人们的内心深处，一直对水域充满了一份敬意。但是那些光怪陆离的现象，却又不得不令人感到畏惧。

令人感到恐怖和不解的"死亡禁区"百慕大、日本龙三角、地中海魔鬼三角以及幽灵般的厄尔尼诺；着实让人费解的海洋中"黑烟"、"龙卷风"、"蜃楼"以及一些怪物等现象。有些神秘的海洋现象看似已经有了合情合理的科学分析，但却总是让人感到意犹未尽。这些神秘现象的背后究竟还隐藏着什么样的秘密呢？

●海市蜃楼假美景 ----------------------------

海市蜃楼美丽幻影

海市蜃楼，在气象学中统一名称为蜃景。在沿海地区的春季或夏季，海水和陆地温差较大，在海风和海流的影响下，海面空气经常出现下冷上暖的现象，低层空气密度大、高层空气密度小。如果此时太阳光从海洋远处物体上反射出来，穿过两种不同密度不同的空气，就要发生光折射；当这种光线从上前方斜着映入人们的视线时，人们就会看到远方出现的物体幻影。

在平静无风的海面、大江江面、湖面、雪原、沙漠或戈壁等处偶尔会在空中或"地下"出现高大楼台、城廓、树木等幻景，我国山东蓬莱海面上常出现这种幻景。在我国古代传说中，认为蜃乃蛟龙之属，能吐气而成楼台城廓，又说海市是海上神仙的住所，它位在"虚无缥缈间"，因而得此名。宋朝沈括在《梦溪笔谈》中这样写道："登州海中时有云气，为宫室台观，城堞人物，车马冠盖，历历可睹。"

蓬莱海面仙境重现

2009年4月14日，有人间仙境之称的山东省蓬莱市海上一日出现平流雾、海市蜃楼和海滋奇观，三大奇观同日齐现，在蓬莱历史上尚属首次。早上6点20分，蓬莱出现开春以来的第一次平流雾现象，一个多小时后逐渐消散。傍晚，蓬莱北部海面云雾缭绕。16时许，随着气温下降，海平面上同时出现海市、海滋奇观，若虚若实，变幻迷离，蔚为大观。首现海滋奇观，当时画面不停变幻，长山列岛被渐渐地拉伸、靠近，最后相接在一起，如船如桥，如静如动，海上小岛时隐时现，忽高忽低，忽尖忽平，忽浓忽淡。后清风徐徐，渐渐呈现海市奇观，天空犹如拉开一幅大幕，一座城若隐若现，细看似琼楼玉宇林立，街市车马穿梭，护城河舟楫泛波，城阙间，人影绰绰，点缀亭台、佳木、灯塔……重重叠叠八百里，巍巍峨峨连天际。

自然界中的海市蜃楼是怎样形成的

在炎热的夏天，有时在柏油马路上也能看到房屋、树木的倒影。这实质上也是一种"蜃景"现象。那么，自然界中的海市蜃楼又是怎样形成的？

海市蜃楼是晴朗、无风或微风条件下，光在折射率不均匀的空气中连续折射和全反射而产生的一种光学现象。由于空气折射率变化的不均匀，物像变形，再加微风的扰动，仙境随之消散，这就更使它蒙上了一层神秘色彩。海市蜃楼常分为上现、下现和侧现海市蜃楼。

凡是物体的映像或幻景看上去好像从天空某一空气层反射而来的，则称为上现蜃景。上现蜃景常出现在海上，和北方有冰雪覆盖的地方。这是因为海水表面蒸发时要消耗热量同时海水温度的升高缓慢，而在冰雪覆盖的地区由于冰雪面能将大部分太阳光反射掉，同时冰雪融化时也要消耗大量热量，致使下层的温度变得很低，因此在这些地方最容易出现强烈的逆温现象。如果近地面层是强逆温时，空气密度会随高度迅速减小，光线在这种气温随高度升高因而使空气密度随高度锐减的气层中传播，会向下曲折，远方地平线处的楼宇等的光线经折射进入观测者眼帘，便出现了上现蜃景。

海面远处的景物隐匿于地平线以下，人们不能直接看到。当这些景物射向空中的光线连续弯向地面而到达人眼时，人们逆着光线看去，就会看到海面上空出现了从未见过的奇景，似仙阁凌空。

下现蜃景与上现蜃景

凡是物体的映像或幻景看上去好像由地面反射而来的，则称为下现蜃景。下现蜃景大都出现在热季的沙漠上或冬季暖洋流的海上。在晴朗少云平静无风的天气里，阳光照射在干燥的沙土上，沙土的比热容小，土温上升极快，这里几乎没有水分蒸发，土壤分子传热极慢，热量集中在表层，所以接近土壤层的空气温度也上升得很快，但上层空气却仍然很凉。当近地层是强烈降温层时，气温随高度很快降低，空气密度随高度很快增加，而光线在气温随高度而降低的气层内传播时会向上曲折，远方地平线处的景物的光线，经折射后直入观测者眼帘，便出现了下现蜃景。当水平方向的大气密度很不同，使大气折射率在水平方向存在很大不同的时候，便可能出现侧向蜃景。

知识点

海滋与平流雾

海滋是类似于海市蜃楼的一种大气光学现象。当接近海面的空气呈高密度低温状态时，低空海面生成密度较大的"水晶体空气层"，光线透过发生折射或全反射，导致海上岛屿影像发生畸变，形成海滋。平流雾是海雾被海风吹过后，飘浮空中，然后冉冉升起，就形成了悬在半空中的"飘带雾"，附在海面而随风平流，则得名为"平流雾"。

延伸阅读

《梦溪笔谈》是北宋科学家沈括所著的笔记体著作，被西方学者称为中国古代的百科全书，已有多种外语译本。《梦溪笔谈》属于笔记类，它以多于1/3的篇幅记述并阐发自然科学知识。因为沈括本人具有很高的科学素养，他所记述的科技知识，也就具有极高价值，基本上反映了北宋的科学发展水平和他自己的研究心得，因而被英国学者李约瑟誉为"中国科学史上的坐标"。

●双龙戏水大奇景 --------------------------------

大气中最强烈的涡旋现象龙卷风

龙卷风是大气中最强烈的涡旋现象，是一种小型旋转风，它的上端与雷雨云相接，下端有的悬在半空中，有的直接延伸到地面或水面，一边旋转，一边向前移动。龙卷风的直径一般不超过1千米，小的龙卷风直径约25～100米，与直径1000千米的台风相比，看来无足轻重。

龙卷风根据它发生在陆地还是海上，可分为陆龙卷和海龙卷。海龙卷是一种发生于海面上的龙卷风，

俗称龙吸水。海龙卷的直径一般比陆龙卷略小，其强度较大，维持时间

较长，在海上往往是集群出现。

海龙卷的威力强大

海龙卷的威力，主要是从其产生的条件来判断。其产生的条件有三：一是高温、高湿的空气。温度高低反映其热能的大小，空气湿度越大，越容易发生凝结现象。在高温和高湿的情况下，大量的潜热被释放出来，变成动能、位能。湿度和温度越大，变成的能量越大，海龙卷的威力越大。二是旺盛的积雨云。积雨云是强对流的产物，在强

龙吸水

对流运动中易形成涡环。三是上升气流和下沉气流间的切变要大，也就是说两者气流方向相反，各自的速度要大，才能形成强切变。

在大洋上容易发生台风或飓风的海区，也容易发生海龙卷。1983年5月墨西哥湾出现的海龙卷群，在海上肆虐一番后，夹带着狂风暴雨，直袭美国南部的得克萨斯州和路易斯安那州，登陆后威力不减，吹毁民宅、厂房、汽车和树木，造成两州伤亡100多人，接着又袭击邻近几个州，从美国南部到东北部，持续4天多，狂风大作的同时，还下起滂沱大雨，洪水泛滥，其造成的灾害不亚于飓风，可见在海上的船只如遇上海龙卷，其后果是难以想象的。

壮观的美景双龙戏水

如果海上龙卷风强度较小，那么在海面上会呈现另一番壮观的美景。2010年7月26日，深圳湾海面出现较为罕见的"龙吸水"，水天相接的"龙吸水"

持续约17分钟。当时在深圳湾上空积雨云下方伸出漏斗形状的黑色云柱。8时57分云底下方垂直方向较粗大的漏斗云已经"接地"形成海龙卷，另有较细的一条在空中呈现弯曲"接地"并于2分钟后完全消失。大约在9时正西侧云底又向下垂直伸出黑色云柱，并在2分钟后迅速接地，吸起巨大水柱，持续了大约3分钟，稍后水面一端逐渐变细并向上收窄，最后于9时08分完全消失。"海龙卷""接地"、旋转了10多分钟。海龙卷虽然可怕，但是也并非完全无法防御。海龙卷的移动路径一般为直线，是垂直向下的，但有时因上空风比地面风大，它的上部会顺气流方向倾斜。那么就可以根据海龙卷倾斜方向判断出其移动路径，采取措施避开，就可以免遭其迫害。

🖊 知识点

海龙卷群

在海龙卷群中最成熟的要推"母龙卷气旋"，依次是龙卷气旋、龙卷涡旋、龙卷漏斗、吸管涡旋，构成一个完整的家族。母龙卷气旋是由多个龙卷气旋组成的，它的作用范围在10～20千米，其威力属海龙卷之首。

📚 延伸阅读

龙卷风

龙卷风外貌奇特，它上部是一块乌黑或浓灰的积雨云，下部是下垂着的形如大象鼻子的漏斗状云柱，其过程具有"小、快、猛、短"的特点。龙卷风速度快得惊人，每秒钟100米的风速不足为奇，有的甚至达到每秒钟175米，其速度比十二级台风还要大五六倍。这体现了它的"快而猛"。龙卷风的直径并不太大，一般只有25～100米，只有在极少数情况下才达到1000米以上；持续时间从形成到消失只有几分钟，最多几个小时。这体现了它的"小而短"。

●出没海天的怪物 ----------------------------

会"分身法"的圆柱形UFO

既是潜艇又是飞机的东西，人类还没有能力制造出它们。可是这样的怪物却实实在在地被我们人类的海军官兵见到了。

美国太平洋舰队官兵，曾不止一次地在太平洋某些水域上空目击到一个会"分身法"的圆柱形UFO。令人惊异的是，从这些分裂后的圆柱形UFO中还飞出更小的UFO，它们能钻进大海，然后还能从海里再飞驰返回原来的圆柱形UFO中，转瞬间便消逝得无影无踪。科学家们认为，按照我们地球上的理解，那个最初出现的巨大的圆柱形UFO实际上是一个载有许多小型飞碟的外星飞碟母船。这些出没于海天的怪物被飞碟专家称做USO。

不明物体跟踪潜艇，无线电屡次被中断

1963年，在中美洲波多黎各沿海还曾发生这样一起令人费解的事件：美国海军在这里举行一次军事演习，参加这次演习的有一艘航空母舰、五艘护卫舰，还有几艘潜艇和飞机。参加演习的所有潜艇都处在无声无息的行驶之中，突然，一件完全意外的事情发生了，一艘护卫舰上的声呐员向驾驶台报告："一艘潜艇的运行状态出现异常，同时发现海底有一不明物体跟踪。"当然，声呐员也搞不清这究竟是什么目标。起初他猜侧，像这种军事演习通常都要暗设一些"陷阱"之类的假目标。可是问题是，根据仪器显示，这一水下不明物体的潜航速度达到150节，即280千米/小时。实际上，这是反常的现象，因为当时最先进的现代化潜艇的最大潜航速度也不过45节（72千米/时）。

值班军官及时向指挥官汇报了这件事。与此同时，他立刻又同指挥舰进行无线电联系，但令人费解的是，他们的无线电却屡次被中断，而且，其他舰艇同航空母舰之间的无线电联络也中断了。这次演习，至少在13艘潜艇和

多架飞机的《随航日志》中出现通过声呐发现来历不明的"超高速潜艇"的记录。美国海军大西洋舰队指挥部也纷纷接到类似的报告。然而，参加这次演习的军官、技术专家和其他人员证实，他们亲眼看到荧光屏上出现的信号，大家一致认为，根据这些信号的性质判断，这个水下不明潜水物有一个唯一的螺旋桨或某种类似螺旋桨一样的推进装置，它能以150节的速度潜航。

从水面下潜到6100米深度仅用几分钟

那个不明潜水物与美国潜艇之间的这种"猫鼠式的游戏"维持了4天。4天中，这个不明潜水物沿着这片广阔水域神出鬼没地活动着，与此同时，美国海军舰只和飞机在跟踪这一不明潜水物的同时，接收到它发出的信号。抑或相反，不是美国军舰和飞机跟踪不明潜水物，很可能是不明潜水物在跟踪美国舰船。然而，这还并非是事情的全部。根据声呐员的报告判断，这个不明潜水物能在短短几分钟内下潜到6100米的深度，也就是说，它既能水平又能垂直地做机动性潜航。要知道，现代化潜艇的极限下潜深度不超过1830米。就连为超深潜水考察专门制造的"三叉戟"号深海艇，在马里亚纳海沟也不过创纪录地下潜到1919米，而且为不使探海艇受损，用了4.5个小时才完成这一下潜深度。可是，那个不明潜水物从水面下潜到6100米深度却仅仅用了几分钟！科学家们认为，这个神奇的不明潜水物可能不属于地球。

目前人类的潜艇极限下潜深度不超过1830

潜　艇

米，可是为什么却出现了在短短几分钟内下潜深度6100米的超深海潜艇？难道它们是来嘲弄人类海军的吗？它们从何而来，是谁制造出来的？

这种不明的怪物不仅在中美洲波多黎各沿海出现过，在北大西洋举行一次秘密代号为"基普·弗里兹"的海军演习中也曾出现。一天傍晚，一位博士正站在破冰船的甲板上，这时，他突然发现从水中钻出一个怪物，它犹如一颗巨大的银灰色炮弹，撞碎3米多厚的冰层后，便瞬间消失在天际。被水下怪物撞碎的巨大冰块被抛向空中几十米高，破碎的冰块又从空中砸到浮冰山上，冰山立刻被砸出一个大窟窿——下面的海水翻腾着一拥而上，瞬间内从冰洞里冒出几股大气柱，像是刚才发生那一过程所产生的巨大潜能导致的。

📚 延伸阅读

航空母舰

简称"航母"、"空母"，前苏联称之为"载机巡洋舰"，是一种可以提供军用飞机起飞和降落的军舰。航空母舰是一种以舰载机为主要作战武器的大型水面舰艇。现代航空母舰及舰载机已成为高技术密集的军事系统工程。航空母舰一般总是一支航空母舰舰队中的核心舰船，有时还作为航母舰队的旗舰。

●海中神秘生物光 ------------------------------

海上的"磷光"现象

深夜的海洋中常会出现"磷光"现象，这些"磷光"闪烁不定。人类对海洋生物光的本质、发光生物垂直及水平的分布、闪光持续时间的研究，必将会给我们对了解海洋中的生物光做一个导航。

辽阔的海洋中蕴藏着无数的奥秘，也经常出现一些令人惊奇的现象，生物光便是其中常见的一种。深夜，在海中游泳或在岸边漫步时，有时会看到海上的"磷光"现象。这种现象就是海洋中小到细菌，大到鱼类的几千种发光生物，为了不同的目的在黑暗的海水中发光所造成的。它们会因受到某种外界刺激干扰而发出光亮。

海生发光生物：甲藻

在牙买加的牡蛎湾和波多黎各的一些地方，当甲藻盛长时，机械扰动或冲击波可使之发出相当于满月时的亮度。这在月黑风高之夜，够引人入胜的了。

光谱测定表明，甲藻发光的峰值为475毫微米，这个波长很接近清澈海水的透射光峰值，而大多海洋动物视觉色素的吸收光峰值也与此相近，所以能产生最大的视觉效应。

甲藻只是一种最常见的海生发光生物，几乎各类海生生物中都有发光的品系。尤其是中层海水的鱼、虾和鱿鱼类中，有许多种具有非常精巧的发光器官，其中有"遮光板"、"反射镜"、"滤色器"、"晶状体透镜"等结构。即使在同一个物种内，身体上不同位置的发光器结构相差也是很大的，而这种有许多发光构造的功能迄今仍是个谜。

海洋中生物发光的妙处

许多生物发光和甲藻的闪光一样，都是为了驱吓敌害。有许多微小甲壳动物和腔肠动物，在被惊动时会发出闪光。有一些动物虽然自己不闪光，但把荧光素和荧光素酶分泌于水中，让它们相互作用，产生光雾，掩护自己逃走。此外，还有一些生物发出的光与背景朦胧的光照相混合，以免于被捕食。

海中的生物光还有其他作用吗？某些鱼、虾、鱿鱼类和海生裂蝲蠕虫类雌雄两性的发光情况是不同的，这或许与两性识别和交配有关系，或许被用来作为标志其领地或集结其群体的信号……目前这些看法仅是推测，尚无证实。

海洋生物依靠什么来发光

大多海洋生物都靠荧光素——荧光素酶系统发光，但有些鱿鱼类和鱼类则利用共生发光细菌发光，自己有一套变化光度的调节系统。由于共生细菌是连续恒定发光的，所以又有一套遮光系统来控制光的射出。鱼在捕食、集结群体、自卫及两性交往等方面都用上了这种细菌共生的发光器官。

研究生物光的问题不能局限于行为学，还应从化学方面对某些发光现象进行探讨。首先应从贝壳类弄清海洋生物荧光素的化学结构。人们原来深信每类动物都有其特定的荧光素，并且在腔肠动物中找到一种化学结构不同的荧光素。但后来在好多鱼类、鱿鱼类和甲壳类中，也都找到了这种腔肠动物型的荧光素。

后来发现这两种荧光素都可因摄食而进入捕食者体内，并被利用来发光。但未弄清究竟有多少种生物是自产发光物质，有多少种生物是靠摄食来发光的。

解开海底生物发光之谜的重大意义

鱼、虾、鱿鱼群的移动也同样会激起水域发光，在热带和亚热带海域，人们早已根据生物光来追踪鱼群。渔业生物学者们在飞机上装备着带微光增光器的电视系统来追踪有商业价值的鱼群，可以在短时期内扫描广大地区。有经验的观察人员凭此便可鉴定鱼群的种类和大小。

鱼 群

当然，在发光水域航行，会留下曳光，使海面战舰夜间暴露航踪。并且，当水下潜艇用激光与卫星及其他潜艇通讯时，也可能为生物光所干扰。这类通讯多用蓝绿光工作，因为这种光波长最易透过水层，但它也正好与大多发光生物所发出的光谱吻合，因此成为通讯的干扰源。所以，对这类海洋生物光的本质，发光生物垂直及水平的分布，及其发光反应之强度、谱线组成和闪光持续时间等，都急需作进一步的研究。

解开海底生物发光之谜在人类的渔业和军事活动方面将有举足轻重的作用。然而大多数海域的发光原因还是个未知数，还需要我们不懈地去探究。

知识点

甲藻，是光合生物，也是多种浮游小动物，特别是挠足类甲壳动物的饵料。当挠足动物在大群发光的甲藻间捕食时，它们不安地快速游动着，似乎被甲藻受扰后的闪光所烦扰。在不发光株系的甲藻群中捕食的挠足类，则安详地进食，比起捕猎发光株系来，可节省好些时间和精力，而且很有安全感。因为，光痕暴露了挠足动物的位置，鱼虾之类更容易捕获它们，这就间接帮助了甲藻。深夜，当甲藻的捕猎者从深水上升到水面捕食时，发光的保护作用更为显著。

延伸阅读

磷　光

是一种缓慢发光的光致冷发光现象。当某种常温物质经某种波长的入射光（通常是紫外线或X射线）照射，吸收光能后进入激发态，然后缓慢地退激发并发出比入射光的波长长的出射光（通常波长在可见光波段）。当入射光停止后，发光现象持续存在。发出磷光的退激发过程是被量子力学的跃迁选择规则禁戒的，因此这个过程很缓慢。

●海洋喷出的"黑烟" ————————————————

海底"黑烟囱"

在海洋底下，人们发现许多"烟囱"，这些"烟囱"喷出的烟冲天而上，黑如墨汁。在"烟囱"喷出的物质堆积成的小山中，科学家发现了这些小山竟形成了特殊的生存环境，因此，地球的最早生命有可能起源于这些"烟囱"。

1979年，一批美国科学家正在考察加利福尼亚湾的外太平洋海底，当他们下潜到2500米接近海底时，看到一幅让人难以相信的景象：在深几千米的海底中，竟烟囱林立，蒸气腾腾，烟雾缭绕，喷出的烟黑如墨汁。经过探测，这里的温度高达近千摄氏度。仔细观察后，他们发现"浓烟"原来是一种金属热液"喷泉"，当它遇到寒冷的海水时，便立刻凝结出铜、铁、锌等硫化物，并沉淀在"烟囱"的周围，堆成小丘。他们还注意到，在这些温度很高的喷口周围，竟形成了一种特殊的生存环境，这里就像是沙漠中的绿洲，生活着许多贝类、蠕虫类和其他动物群落。

他们的发现引起了科学界的浓厚兴趣，大部分人认同海底热泉是地壳活动在海底反映出来的现象。分布在地壳断裂或薄弱的地方，如大洋中脊的裂谷、海底断裂带和海底火山附近。由于新生的大洋地壳温度较高，海水沿裂隙下渗，在地壳深部加热升温，溶解了周围岩石中多种金属元素后，又沿着裂隙对流上升并喷发在海底。由于矿液与海水成分及温度的差异，形成浓密的黑烟，冷却后在海底及其浅部通道内沉淀形成由磁黄铁矿、黄铁矿、闪锌矿和铜—铁硫化物组成的硫化物颗粒。这些海底硫化物堆积形成直立的柱状圆丘，称为"黑烟囱"。

海底"喷泉"

在广阔的大西洋、印度洋和太平洋都存在大洋中脊，它高出洋底约3000

米，是地壳下岩浆不断喷涌出来形成的。大洋中脊里都有大裂谷，岩浆从这里喷出来，并形成新洋壳。两块大洋地壳从洋脊张裂并向相反方向缓慢移动。在大洋中脊里的大裂谷往往有很多热泉，热泉的水温在300℃左右。大西洋的大洋中脊裂谷底，其热泉水温度最高可达400℃。在海底断裂带也有热泉，有火山活动的海洋底部，也往往有热泉分布。除此之外，在大陆边缘，受洋壳板块俯冲挤压形成山脉的同时，往往有火山喷发，在它的附近海底也会有热泉分布。

美国密执安大学的奥温认为，这种海底"喷泉"可能与地球气候的变化有着密切的联系。奥温在研究了从东太平洋海底获取的沉积物和岩样以后，发现在2000万～5000万年前的沉积物中，铁的含量为现在的5～10倍，钙的含量则为现在的3倍。为什么沉积物中钙、铁等的含量这样高？奥温认为这可能与海底喷泉活动的增强有关。据此，奥温又进一步猜测，当海底喷泉活动增强时，所喷出的物质与海水中的硫酸氢钙发生反应，析出二氧化碳。已知现在的海底喷泉提供给大气的二氧化碳，占大气中二氧化碳自然来源的14%～22%。因此，当钙的析出量为现在的3倍时，大气中二氧化碳的含量必将大大增加。估计大约相当于现在的1倍左右。众所周知，二氧化碳含量的增加，将会产生明显的温室效应，从而使全球的气温普遍升高，以至极地也出现温暖的气候。

目前科学家在北冰洋发现喷涌400℃的热温泉，状似海底黑烟囱（即海底热喷泉），并称发现新的奇特而有弹性的微生物生命形态住在那些动物集群中，它们利用地球内部黄金与其他矿物微粒维系生命。据研究，在黑烟囱喷出的热液里富含硫化氢，这样的环境会吸引大量的细菌聚集，并能够使硫化氢与氧作用，产生能量及有机物质，形成"化学自营"现象。这类细菌会吸引一些滤食生物，或者是形成能与细菌共生的无脊椎动物共生体，以氧化硫化氢为营生来源，一个以"化学自营细菌"为初级生产者的生态系统便形成了。从而维系了海底喷泉生命的延续和循环。

因此有科学家称地球生命有可能起源于海底热泉，这些不用太阳光就能生存的生物可能是地球最早生命的形态。

知识点

海底热泉是一个非常奇异的现象：蒸气腾腾，烟雾缭绕，烟囱林立，好像重工业基地一样。而且在"烟囱林"中有大量生物围绕着烟囱生存。烟囱里冒出的烟的颜色大不相同。有的烟呈黑色，有的烟是白色的，有的烟是黄色，还有清淡如暮霭的轻烟。

延伸阅读

温室效应又称"花房效应"，是大气保温效应的俗称。大气能使太阳短波辐射到达地面，但地表向外放出的长波热辐射线却被大气吸收，这样就使地表与低层大气温度升高，因其作用类似于栽培农作物的温室，所以称为温室效应。但是自工业革命以来，人类向大气中排入的二氧化碳等吸热性强的温室气体逐年增加，大气的温室效应也随之增强，已引起全球气候变暖等一系列严重问题，引起了全世界各国的关注。

● "邪恶圣婴" 厄尔尼诺 ----------------------------

厄尔尼诺的危害

厄尔尼诺在西班牙语中的意思是"圣婴"或"基督的孩子"。由于厄尔尼诺现象首先发生在南美洲的厄瓜多尔和秘鲁沿太平洋海岸附近，而且多发生在年终圣诞节前后，因此得名。

厄尔尼诺是太平洋赤道带大范围内海洋和大气相互作用后失去平衡而产

生的一种气候现象。正常情况下，热带太平洋区域的季风洋流是从美洲走向亚洲，使太平洋表面保持温暖，给印尼周围带来热带降雨。但这种模式每3～7年被打乱一次，使风向和洋流发生逆转，太平洋表层的热流就转而向东走向美洲，随之便带走了热带降雨。其基本特征是：赤道太平洋中、东部海域大范围内海水温度异常升高，海水水位上涨。

海水温度异常会带来全球气候异常。尼尔尼诺现象通常导致中、东太平洋及南美太平洋沿岸国家异常多雨，甚至引起洪涝灾害。渔业资源会受到严重损失，海洋生物分布发生变化。同时使得热带西太平洋降水减少，澳大利亚和印尼会发生严重干旱，南亚的夏季季风降雨也会减弱。它使西太平洋热带风暴减少，但使东北太平洋飓风增加。在我国，厄尔尼诺往往带来暖冬凉夏。在厄尔尼诺直接侵害的地方，居民住房会被水淹没，森林受到毁坏，农作物和渔业受到摧残。随着厄尔尼诺的涨落，由洪水泛滥造成的水资源污染以及病菌传播而导致的各种疾病也会接连发生。

厄尔尼诺现象的发生规律

经过最近几十年的研究，人们发现，世界各地的灾异现象多与厄尔尼诺现象有着某种联系。有人甚至认为，世界各地大的自然灾害都是由于发生厄尔尼诺而引起的。因此，海洋学家、气象学家都在研究厄尔尼诺现象的发生规律。

但是厄尔尼诺是一种不规则重复出现的现象，一般每3～7年出现一次，这并不好研究。直到今天，人们对太平洋中出现的厄尔尼诺现象，仍有许多迷惑不解之处：发生厄尔尼诺现象时，那巨大的暖水流是从何处来的？它的热源在哪里？过去人们提出过种种假说，有专家认为其热源来自地心，或是因为海底火山爆发等。美国地质学家用声波定位仪在夏威夷群岛和东太平洋一带的海底进行测量，他们发现这里的海底有许多的火山，火山正喷发出大量的熔岩。巨大的热流体随着熔岩的喷发涌入海洋，使得海水升高，因此认为东太平洋的厄尔尼诺现象可能与海底火山喷发有关。但是，往往在没有发生大的火山爆发时，也曾发生过厄尔尼诺现象，因此这种假说不能令人信服。

部分专家认为厄尔尼诺的出现与地球自转减慢有关系。自20世纪50年代以来，地球的自转速度就破坏了过去平均速度分布规律，一反常态呈4～5年的波动变化，一些较强的厄尔尼诺年平均发生在地球自转速度发生重大转折年里，特别是自转变慢的年份。地转速率短期变化与赤道东太平洋海温变化呈反相关，即地转速率短期加速时，赤道东太平洋海温降低；反之，地转速率短期减慢时，赤道东太平洋海温升高。这表明，地球自转减慢可能是形成厄尔尼诺现象的主要原因。分析指出，当地球自西向东旋转加速时，赤道带附近自东向西流动的洋流和信风加强，把太平洋洋面暖水吹向西太平洋，东太平洋深层冷水势必上翻补充，海面温度自然下降而形成拉尼娜现象。当地球自转减速时，"刹车效应"使赤道带大气和海水获得一个向东惯性力，赤道洋流和信风减弱，西太平洋暖水向东流动，东太平洋冷水上翻受阻，因暖水堆积而发生海水增温、海面抬高的厄尔尼诺现象。

近年来，科学家对厄尔尼诺现象又提出了一些新的解释，即厄尔尼诺可能与海底地震，海水含盐量的变化，以及大气环流变化等有关。总之，厄尔尼诺现象的出现，不是单一因素所能解释的，它的形成机理也许是大自然中海洋水体、大气、天文等诸多因素作用的结果。

📏 知识点

20世纪最强的厄尔尼诺现象是在1982—1983年，持续近两年，多年罕见。使当时赤道东太平洋水温比常年高出4℃，对全球气候异常造成了巨大灾害，全球就有1/4地区受到各种不同气候异常的危害，在全世界造成了大约1500人死亡和80亿美元的财产损失。

拉尼娜意为"小女孩"（圣女婴），正好与意为"圣婴"的厄尔尼诺相反，也称为"反厄尔尼诺"或"冷事件"。是指海洋中的赤道的中部和东部太平洋，东西上万千米，南北跨度上千千米的范围内，海洋温度比正常温度东部和中部海面温度偏低0.2℃，并持续半年。

● 变化无常的日本龙三角 ------------------------

变化无常、神秘莫测的龙三角

在日本有一个变化无常、神秘莫测的海域，在地图上标出这片海域的范围，它恰恰是一个与百慕大极为相似的三角区域。船只在这里神秘失踪、潜艇一去不回、飞机凭空消失……令这片海域拥有了"太平洋中的百慕大三角"的恶名，被称为"最接近死亡的魔鬼海域"和"幽深的蓝色墓穴"，这就是日本的龙三角区域。

自20世纪40年代以来，无数巨轮、飞机在这个清冷的海面上神秘失踪，它们中的大多数在失踪前没有能发出求救信号，也没有任何线索可以解答它们失踪后的相关命运。虽然龙三角没有百慕大三角那么著名，但它的神秘却可以让所有解读过它的人吃惊。

日本海防机构每年平均

龙三角

要发布发生在日本周围海域约2500件海事事故报告。鉴于在这里搜寻一艘失踪的船要比从干草堆中找出一根针还要困难得多的实际情况，使得大部分的官方报告只能将事故原因归于"自然的力量"，而就此终止调查。

神秘沉没的船只

1928年2月28日，"亚洲王子"号离开美国纽约港，于3月16日从美国洛杉矶横渡太平洋。一周之后，"东部边界城市"号轮船收听了"亚洲王子"号发出的呼救信号，得知"亚洲王子"号在美国夏威夷群岛附近遇难。美国海军调动一切力量，对太平洋宽阔的海域进行了搜寻，但还是没能找到"亚洲王子"号。

1952年9月23日，多名科学家搭乘一艘日本海防研究舰前往龙三角区域研究暗礁。船在离港后一直保持着很高的航行速度，以这种速度只需一天时间就能到达研究海域。然而在接下来的三天中该船杳无音讯。当搜救船只赶到这片海域时，只找到了一些残骸和碎片，但是残骸和碎片却无法证明就是这艘舰船。而后，《纽约时报》上刊登了这艘科考船神秘失踪的报道，将全世界的注意力第一次引向了这片魔鬼海域。

最离奇的一次海难是"柏吉·伊斯特拉"号。这艘大船于1975年12月29日一个天晴气朗，海面平静无波的好天气中，在棉兰老岛海沟沉没。更奇怪的是，事经3年10个月后，"柏吉·伊斯特拉"号的姐妹船"柏吉·苍加"号也在龙三角神秘失踪。"柏吉·苍加"号失踪后，不但没有找到任何残骸，船上的40名船员也无人生还。这一对姐妹船同属一家轮船公司，在同一造船厂建造，载运相同的货物，航行同一航线，如此多的巧合，使得它们的失踪更为离奇了。

据说，2000年来长眠在这片深蓝色的海下的船只共有100多艘，平均每140平方千米便有一艘沉船，其中包括几艘带有核武器的前苏联潜艇和至少1

架配备核弹头的美国战机。到目前为止至少有126枚核弹头在日本龙三角海域神秘失踪，不得不令人惊奇。

探索日本龙三角海域之谜

连续不断的神秘失踪事件引发了人们的注意和探究，专家们开始以不同的方法和不同的角度试图去揭开日本龙三角海域之谜。由于实地考察有一定的条件局限性和较大的风险性，人们五花八门的猜测就纷纷出炉了。

最早的说法是海兽作怪，显然这只是古人迷信的一种说法，在高科技面前是站不住脚的。另外还有飓风说和磁偏角说。飓风说认为日本龙三角区域每年可以制造30起致命的风暴，是飓风使得一些过往船只的导航仪器在一瞬间全部失灵，导致船只沉没。这一点可在那些失事船只最后发出的只言片语中得到印证。于是海洋专家认为是飓风使得那些过往船只的导航仪器在一瞬间全部失灵，最终导致船舶失事的。但是，当今大型的现代化船舶是按照能抵御最坏情况的标准制造的，按理说仅凭一场飓风并不能击沉它们。

而磁偏角是由于地球上的南北磁极与地理上的南北极不重合而造成的自然现象，这种偏差在地球上的任何一个位置都存在，并不是日本龙三角所特有的。其实，早在500年前哥伦布提出磁偏角现象后它早已成为航海者的必备知识，所以磁偏角现象使航行中的船只迷航甚至失踪的假设也难以成立，尤其是成为拥有现代化设备的船只迷航和沉没的原因，更加不能取信于众。

还有一种观点是海啸说。在日本龙三角西部的深海区，岩浆具有随时冲破薄弱地壳的威胁。这种事情的发生毫无先兆，其威力之巨足够穿透海面，而且转瞬之间它又可平息下来，却不会留下任何证据。而当大洋板块发生地震的时候，超声波达到海面表层，形成海啸。海啸引发的巨浪速度极快，是任何坚固的船只都经受不起的。此外，毁灭性的巨大海啸在生成海浪时，在广阔的洋面上只显露出1米或者比这还低的高度，这种在大洋中所发生的缓慢的浪潮起伏是不易被过往船只所察觉的，它很难引起人们的注意。但大约在20分钟至1个小时后，灾难就开始降临。如果在海啸发生时又正好赶上飓风，那么遇难船只不要说自救，就连呼救的时间可能都没有。

如果这个原因能够加以论证，那么它将为我们揭开龙三角的神秘面纱。同时，日本龙三角也说明海洋无愧是地球上最神秘莫测的生存地狱。迄今为止，人们依然无法知道在浩瀚的大洋之下，到底还隐藏着多少秘密等待着去探索、发现。

知识点

日本魔鬼三角，当地渔民习惯地称这个魔鬼三角为龙三角，是太平洋深水中1300万平方千米的区域，北纬25°，东经142°，这是地球上最神秘三角区域之一的中心坐标。

延伸阅读

1980年8月18日，原苏联的"乌拉基米尔"号船在完成任务后从日本沿海返航途中。一个不明物体从海底冲上来。这件物体呈圆筒状，能够发出耀眼的蓝光，当它滑过船只时将船的一片区域烤得焦黑。于是有人认为日本龙三角的事故都是外星人所为。但是没有事实依据，这只能是一个假设。

●地中海魔鬼三角 ------------------------------

地中海魔鬼三角区域

地中海位于亚、欧、非三大洲之间，是世界上最大的陆间海，也是古代文明的发源地之一。可是20世纪40年代以来在地中海及其周围发生的奇怪事件却一直令人费解。与百慕大三角、日本龙三角类似，地中海魔鬼三角区域也是时不时地将轮船吞没，导致飞机坠毁。

这片诡异的海域，每年都会无缘无故地发生多起飞机和船只遇难及失踪的事故，并且飞机和船只遇难的经过十分蹊跷。据说飞机到达这片海域的上空时，机上的仪表就会受到奇怪的干扰，因而造成定位系统失灵，找不到方位。更奇特的是，船只可以根据太阳来确定方向，所以不会有迷航的问题。但是就在这片风和日丽的海域里，有无数船只也遭受了劫难。有些事故发生后甚至连飞机和船只的残骸也无法找到。

飞机与轮船的神秘失踪

1980年6月的一天上午8时，一架意大利班机准时从布朗起飞，当该机飞行了37分钟时，机长向塔台报告了自己的位置，即庞沙岛上空。但是从这以后就再也没有消息了。机上81名乘客和机组人员踪迹全无，飞机自然也无影无踪。可是谁也不知道这架飞机是如何失踪的。

地中海魔鬼三角上空的飞机会莫名其妙地失踪，海上的轮船更是失踪的奇特。曾经有两艘名为"沙娜"和"加萨奥比亚"的渔船在庞沙岛西南偏西大约46海里处捕鱼，两艘渔船间距很近，不仅能相互看见、通话和联系，灯光也能看的分明。但是到了天亮时分，"加萨奥比亚"号突然发现"沙娜"号不见了。起初以为"沙娜"号离开了。但是当时的鱼情非常好，没有作业完毕的"沙娜"号怎么会突然离开呢？"加萨奥比亚"号船长深感不解，于是向基地做了报告。3小时后意大利海岸的一架巡逻直升机到了这一海域巡查。令人惊奇的是，不仅看不见"沙娜"号，就连不久前刚刚汇报"沙娜"号失踪的"加萨奥比亚"号也不见了踪影，深感奇怪的直升机仔细搜索了每一片海域，却没有发现两艘船只的踪影，无奈飞机油箱里的油料只够支持返回基地，直升机只能返回。不过在返回前直升机通知了在附近海域的一艘19万吨的大型捕鱼船"伊安尼亚"号协助搜索。第二天清晨，意大利派出3架直升机再次来到这一区域勘察搜索。奇怪的是，不仅前两艘失踪的船只找不到，19万吨的大型捕鱼船"伊安尼亚"号也不见了。这3艘船只连同船上的51名乘员，就这么不明不白地在风平浪静的海上失踪了。从此，人们再也没有找到有关他们的任何线索。

是什么原因导致地中海三角区轮船和飞机的失踪

有人认为可能是地中海的海底存在火山、地震，只是造成在海面上并不太显眼，由于火山的喷发或是地震的发生，引发摧毁力极强的海啸，所以将船只吞没了。但是飞机失事不能用海啸的观点来解释。难道地中海海域是磁场异常地带？是地球的诡异之地？

也有人认为是地中海海底的"海底人"在作怪，这种"海底人"既能在"空气的海洋"里生存，又能在"海洋的空气"里生存，属于史前人类的另

海　啸

一分支。其理由来源是：生命起源于海洋，人类自然也是起源于海洋，而且现代人类的许多习惯及器官明显地保留着适应海洋生存的痕迹，例如喜欢食盐，身体无毛，会游泳，有海生胎记，爱吃鱼腥等，很显然这些特征是陆地上哺乳动物所没有的。很可能在进化过程中人类分成了水中陆上两支，上岸的被称为"人类"，留在水中的则被称为"海怪"。不过也有人认为"海底人"不是人类的水下分支，很可能是栖身于水下的特异外星人。

这两种说法谁对谁错无从分解，但是，大多数科学家对这两种观点都不认同，并不认为有"海底人"的存在。对于"海底人"他们认为，神秘的"海底人"的许多特征均符合地球的生存条件，他们只能是地球的产物，而不可能是来自外星的生物。

神秘的地中海及其周边古代文明，尽管神秘莫测，但随着科学技术的发展进步，人们总会有一天揭开它们的神秘面纱，把其真面目查个水落石出。

知识点

地中海三角区位于意大利本土的南端与西西里岛和科西嘉岛三座岛屿之间，这里叫泰伦尼亚海。地中海三角区的三个顶点，分别是比利牛斯的卡尼古山，摩洛哥、阿尔及利亚、毛里塔尼亚共同接壤的延杜夫，再加上加那利群岛。

延伸阅读

地中海

地中海被北面的欧洲大陆，南面的非洲大陆和东面的亚洲大陆包围着。东西长约4000千米，南北最宽处大约为1800千米，面积约为251.2万平方千米，是世界最大的陆间海。以亚平宁半岛、西西里岛和突尼斯之间的突尼斯海峡为界，分东、西两部分。平均深度1450米，最深处5092米。盐度较高，最高达39.5‰。地中海是世界上最古老的海，历史比大西洋要古老。

●南极魔海威德尔海 -----------------------

令人恐惧的威德尔海

海洋上的魔海众多，最为著名的是大西洋上的百慕大魔鬼三角。其实在南极也有一个魔海。这个魔海虽然不像百慕大三角那么贪婪地吞噬舰船和飞机，但它的"魔力"足以令许多来此探险的人心生畏惧，这就是威德尔海。

威德尔海之所以被称为"魔海"，是因为这里充满了令人恐惧的地方。它不仅有可以随时将人引入死地或撞上冰川的海市蜃楼，还有着凶猛异常的鲸和可怕的流冰群，一不小心，船只就可能遭遇不测，发生沉船事故。

威德尔海的流冰群

魔海威德尔海的魔力首先在于它巨大威力的流冰。在夏季的南极，日照时间较长，温度也偏高，大量的冰川会融化。威德尔海北部就会出现大面积的流冰群，这些流冰群像一座白色的城墙，首尾相接，连成一片，有的还连接着冰山。冰山最高可达一两百米，方圆200平方千米，远远看去，就像一块广阔的冰原。当这些流冰和冰山相互撞击、挤压时，会发出惊天动地的响声，听上去十分可怕，使人胆战心惊。如果此时船只在流冰群的缝隙中航行，会遇到异常的危险，一不小心就会被流冰挤撞损坏或者驶入"死胡同"，无法前行，使船只永远留在这南极的冰海之中。

1914年8月1日，"英迪兰斯"号载着26名船员离开伦敦，直赴南极边缘的威德尔海，开始了南极的探险活动。威德尔海的海湾入口宽达2000千米，纵深1500千米，海面到处是冰架、冰山和浮冰群，形成难以逾越的屏障。当南极的夏季过后，漫长的黑夜笼罩着茫茫冰海，不久"英迪兰斯"号被冰群封冻起来，而且不停地向西北方向漂流。当黑暗的冬季结束时，"英迪兰斯"号仍然被厚厚的流冰挟着不能动弹，而且随着气温的回升，冰块不时破裂，给船只带来更大的危险，最终"英迪兰斯"号被魔海吞噬了。

南极魔海威德尔海的风

在威德尔的冰海中航行，风向对船只的安全至关重要，有时甚至决定船只的航向。刮南风时，风会将流冰群吹向北边散开，这时在流冰群中会出现大的缝隙，船只可以在缝隙中航行。但如果刮北风，流冰就会挤到一起把船只包围，这时船只即使不会被流冰撞沉，也无法离开茫茫的冰海，至少要在威德尔海的大冰原中待上一年，直至第二年夏季到来时，冰川融化，船只才有可能冲出威德尔海而脱险。但是这种可能性是极小的，由于船只储备的食物和燃料有限，加上威德尔海冬季暴风雪的肆虐，使绝大部分陷入困境的船只难以离开威德尔海这个魔海，它们常常会被威德尔海逐渐吞没。所以来威德尔海探险的人们格外注意风向的变化，一见风向转变，就要立刻离开威德尔海，以防被困在流冰群中。现在威德尔及南极其他海域，一直留传着"南风行船乐悠悠，一变北风逃外洋"的说法。直到今天，各国探险家们还恪守着这一信条，足见威德尔海的神威魔力。

威德尔海的海市蜃楼

变化莫测的海市蜃楼，是威德尔海的又一魔力。在威德尔海中航行的船只一旦进入变化莫测的海市蜃楼中，就会感觉像在梦幻的世界里漂游，海市蜃楼中瞬息万变的自然奇观，既使人感到神秘莫测，又令人魂惊胆丧。海市蜃楼常常造成人的幻觉，有时船只正在流冰缝隙中航行，突然流冰群周围会出现陡峭的冰壁，似乎稍微往前行驶一点儿就可能撞上冰壁，造成沉船的危险。但不多一会儿，这冰壁又会消失得无影无踪，使船只转危为安。更古怪的是，有时船只明明在水中航行，突然间好像开到冰山顶上，顿时能把船员们吓得魂飞魄散。也正是由于这么逼真的景观和感觉，把很多的船只引入了危险地带。有的船只为避开虚幻的冰山而与真正的冰山相撞，有的受虚景迷惑而陷入流冰包围的绝境之中。

威德尔海的鲸

绚丽多彩的极光、变化莫测的海市蜃楼是威德尔海的两大景观，还有一种景观值得观赏，不过要倍加小心，就是成群结队的鲸。威德尔海的鲸时常成群结队地在流冰群的缝隙中喷水嬉戏，场面甚是优美。不要觉得它们自在悠闲，应该是温顺的。其实威德尔海的鲸凶猛异常，尤其是逆戟鲸，它是一种能吞食冰面任何动物的可怕鲸群，号称海上"屠夫"。当逆戟鲸发现冰面上有人或海豹等动物时，会突然从海中冲破冰面，伸出头来一口将目标吞食掉。可爱的南极的企鹅与机灵的海豹经常惨遭毒手。逆戟鲸凶猛程度，令人不寒而栗。也正是由于逆戟鲸的存在，被困于威德尔海的人多加了一层的威胁，他们更加难以生还。

威德尔海是一个冰冷的海，可怕的海，也是世界上又一个神奇的魔海。就如同南极的许多地方一样神秘莫测，也许在未来我们揭开南极大陆所有谜团的时候，威德尔海就不会这么可怕了，那时人们可以自由自在地在威德尔海畅行。

🖊 知识点

威德尔海是南极洲最大的边缘海，也是世界上最大的边缘海。位于科茨地与南极半岛之间，最南端达南纬83°，北达南纬70°～77°，宽度在550千米以上，总面积约280万平方千米。该海以英国航海家詹姆斯·威德尔命名，詹姆斯·威德尔曾经在1823年在威德尔海探险，并到达了南纬74°的地方。

延伸阅读

逆戟鲸是一种大型齿鲸，身长为8～10米，体重9000千克左右，背呈黑色，腹为灰白色，有一个尖尖的背鳍，背鳍弯曲长达1米，嘴巴细长，牙齿锋利，性情凶猛，食肉动物，善于进攻猎物，是企鹅、海豹等动物的天敌。有时它们还袭击其他鲸类，甚至是大白鲨，可称得上是海上霸王。

● "死亡禁区"百慕大

无人不知无人不晓的百慕大三角

赫赫有名的百慕大三角，可谓是无人不知无人不晓。而今，北大西洋西部海中百慕大三角已经成为那些神秘的、不可理解的各种失踪事件的代名词。随着科学的发展，当今的人们已经解决许多过去被视作谜的现象，然而百慕大三角仍是一个困扰着科学家的谜团。

据说先后有许多飞机、船舰和驾驶员、乘客都在百慕大三角神秘失踪。救援者从未发现过遇难船舰、飞机的残骸碎片，至于遇难者的尸体，更是无处可寻。因此，百慕大三角又被称为"魔鬼三角"。

百慕大三角曾经发生过的神秘失踪事件

关于船只和海员在"百慕大三角"连人带船神秘失踪的事件，最早的记载是1840年8月，一艘法国帆船"洛查理"号正在百慕大海面航行。令人感到迷惑的是，这艘船好像没有目标似的随风漂浮。人们划船靠上去，发现船上空无一人，但货舱内的物品都完好无缺，似乎没有人碰过。

船只前仆后继地在百慕大三角失踪，1919年，一艘长180多米，载员309人的美国军舰"赛克洛珀斯"号，从西印度群岛的巴贝港口启程，途经百慕大三角区，突然神秘地消失，全船人员无一生还；1945年，在美国海上空军例行训练中，5架"埃文格"型鱼雷轰炸机飞越这一地区，14名机上人员全部遇难；1965年6月，一架大型双引擎军用飞机在飞越百慕大时突然失踪，机组人员全部遇难。数以百计的飞机和船只都在这里神秘地失踪了。

百慕大三角为何如此神秘，难道真有的魔鬼

几十年来人们对百慕大三角的探索从未间断过，这个被称为最接近死亡的魔鬼海域，究竟是什么力量将船只打入海底，无一生还？究竟那些飞机为什么会不留痕迹，凭空消失？究竟是什么力量将水手们推向了死亡……

有人提出了海底水文地壳运动说。主要是因为百慕大三角海底地貌十分复杂，地理位置也很特殊。百慕大三角夹在大陆和群岛之间，宽阔的大陆架又延伸至海底，周围是深近万米的波多黎各海沟及深度超过万米的北阿美利加海盆，而且在北部深海盆里又突起有百慕大群岛。此外，百慕大三角中洋流纵横交错，变幻不定，形成了一个又一个巨大的涡流。这些巨大的旋涡长达几百千米，深度超过1千米，仿佛是海底大旋风。百慕大三角海域还生长着大量的马尾藻，热能大量集聚，温度奇高。遇上了这些复杂的海底地貌、巨大的旋涡和超常的高温，飞机和船只必定凶多吉少。关于飞机和船只的残骸，是由于大陆的漂移，以及频繁的地壳运动，使得百慕大地区的海底地壳上形成了一个个的陷坑或空穴，并且地震不断，造成空穴顶部坍塌，海底会出现巨大裂口，导致海水急剧涌入，船只、飞机一旦被卷入，任何的蛛丝马迹都被吞并了。

有人提出另外一种观点：次声波与地磁引力说。巨大的海浪能产生次声波。当海面发生海啸时，次声波在空中以低于声音的速度传播。以至于人的耳听不到次声波，但是次声波却足可置人于死地。次声波的频率越高，产生的危害越大。当频率为7赫时，人的心脏和神经系统将陷入瘫痪。而百慕大三角海域正是次声波最活跃的地区。关于地磁引力说，在百慕大三角出现的

各种奇异事件中，罗盘失灵是最常发生的。这使人把它和地磁异常联系在一起。人们认为百慕大三角区的海底有一股不同于海面潮水涌动流向的潜流，在百慕大海面与东太平洋之间有一条天然海下水桥，水桥能产生强大的磁场力。人们还注意到在百慕大三角海域失事的时间多在阴历月初和月中，这是月球对地球潮汐作用最强的时候。这似乎也印证了这种说法。

还有人认为是百慕大三角地区一种神秘的自然激光造成的。太阳是强大的辐射源，海面和大气恰似两面巨大的反光镜。只要百慕大的神秘激光发生作用，太阳的辐射就会引起一场弥天大雾。如果激光功率特别大，则会在瞬间将飞机和船只烧成灰烬。甚至还有人提出黑洞说，黑洞是指天体中那些晚期恒星所具有的高磁场超密度的聚吸现象。它虽看不见，却能吞噬一切物质。不少学者指出，出现在百慕大三角区机船不留痕迹的失踪事件，颇似宇宙黑洞的现象，舍此便难以解释船只、飞机何以刹那间消失得无影无踪。

关于百慕大三角众说纷纭，然而至今没有定论，还有待于科学家的研究。

📏 知识点

百慕大三角区任何地图上都找不到，它只是人们想象中由百慕大、佛罗里达、波多黎各（接近北美洲）三条海岸线合围的区域。是一个面积约10万平方千米的三角形海域，连接着大西洋与南北美洲的水上要道。百慕大有将近400个岛屿，它们组成了一个圆形的环，人称百慕大群岛。

📚 延伸阅读

波多黎各海沟是一个在大西洋与加勒比海之间的海沟。此海沟与两个地带的相互作用有关。一个是沿着小安的列斯群岛的火山岛弧向南的隐没带；另一个地带是一个主要的转换断层或板块边界区域，其位置在古巴与伊斯帕尼奥拉岛之间，穿过开曼海沟直至中美洲岸边。

奇妙的湖泊泉水岛屿

湖泊与泉是大地上的一颗颗明亮的钻石，而岛屿也是大海中的一粒粒耀眼的珍珠。然而无论是大陆的钻石还是海洋的珍珠，闪耀的不仅仅是湖波泉水和岛屿本身，而是发生在它们身上的神秘现象。

贝加尔湖一年四季清澈见底的原因；犀牛湖、乔治胡、硫磺湖的生死轮回；死海淹不死人的根源；一处湖水分三色的三色湖的奥妙；罗布泊变迁的历程；圣泉治百病的神奇；以及幽灵岛的诡秘行踪；还有大堡礁的色彩斑斓，等等。奇妙的湖泊泉水和岛屿，蕴含着太多的大自然的秘密，等待着人们去探索、去揭示。

●蓝色眼睛贝加尔湖 ——————————————

俄罗斯的象征"月亮湖"

"湖水清澈透明，透过水面就像透过空气一样，一切都历历在目，温柔碧绿的水色令人赏心悦目……"俄国作家契诃夫对贝加尔湖这样描写。

贝加尔湖是世界上容量最大，最深的淡水湖。位于俄罗斯布里亚特共和国和伊尔库次克州境内。湖形狭长弯曲，犹如一弯新月，所以又有"月亮湖"之称。是俄罗斯的象征，在古代中国被称为"北海"。据说，苏武牧羊便在此地。"苏武留胡节不辱，雪地又冰天，苦忍十九年，渴饮雪，饥吞毡，牧羊北海边……"此北海即贝加尔湖。

湖上风景秀美、景观奇特，湖内物种丰富，是一座集丰富自然资源于一身的宝库。湖中的动植物比世界上任何一个淡水湖里的都多，其中1083种还是世界上独一无二的特有品种。最令科学家感兴趣的是生物的古老性，其中有很多西伯利亚其他淡水湖已绝迹的物种。该湖还是俄罗斯的主要渔场之一。贝加尔湖就其面积而言只居全球第九位，却是世界上最古老的湖泊之一。

贝加尔湖有着2500万年的历史，1637米的深度，是世界上最深、最古老也是最大的活水湖（以体积计算）。它所含的水量比整个北美洲所有大湖的水量总和还多。这个湖给数以千万计的动植物提供生命来源。湖边环绕着很多大山，在湖中有27个小岛。它会给人们从未有过的视觉体验和震撼的感觉。

"西伯利亚明眸"

在湖水向北流入安加拉河的出口处有一块巨大的圆石，人称"圣石"。当涨水时，圆石宛若滚动之状。相传很久以前，湖边居住着一位名叫贝加尔的勇士，膝下有一美貌的独女安加拉。贝加尔对女儿十分疼爱，又管束极严。有一日，飞来的海鸥告诉安加拉，有位名叫叶尼塞的青年非常勤劳勇敢，安加拉的爱慕之心油然而生，但贝加尔断然不许，安加拉只好趁其父熟睡时悄悄出走。贝加尔猛醒后，追之不及，便投下巨石，以为能挡住女儿的去路，可女儿已经远远离去，投入了叶尼塞的怀抱，这块巨石从此就屹立在湖的中间。

贝加尔湖中还有散落如珍珠、宝石般的27个岛屿，最大的奥利洪岛，面积约730平方千米。冬天的贝加尔湖，凄厉呼号的风把湖水表面化成晶莹透明的冰，看上去显得那样薄，水在冰下，宛如从放大镜里看下去似的，微微颤动，人们甚至会望而不敢投

贝加尔湖

足。其实，脚下的冰层可能有1米厚，或许还不止。春季临近之际，积冰开始活动，冰破时发出的巨大轰鸣和爆裂声似乎是贝加尔湖要吐尽一个冬天的郁闷和压抑。冰面上迸开一道道很宽的深不可测的裂缝，无论步行或是乘船，都无法逾越，随后它又重新冻合在一起，裂缝处蔚蓝色的巨大冰块叠积成一排排蔚为壮观的冰峰。

贝加尔湖出口的宽度大约有1000米。湖岸溪涧错落，群山环抱。湖水杂质极少，清澈无比，湖水清澈的原因据说是贝加尔湖底时常发生地震，地震产生的化学物质沉淀湖底，使湖水净化，所以贝加尔湖总是清澈见底。湖水透明度竟深达40.5米，因而被誉为"西伯利亚明眸"。

享受贝加尔湖的眷顾

湖底蕴藏着丰富的资源。蓝蓝的湖水下面更是珍宝无数，据考察，贝加尔湖湖底埋藏着丰富的贵金属矿。不仅如此，近年还在湖底罕见地发现了冻结的沼气和天然气。地下埋藏着丰富的煤、铁、云母等矿产资源，湖中盛产多种鱼类，是俄罗斯重要渔场之一

此外，这里是非常适合疗养、度假的地方。在这里，可以看到被称为贝加尔湖自然奇观之一的高跷树。树的根从地表拱生着，成年人可以自由地从根下穿来穿去。它们生长在沙土山坡上，大风从树根下刮走了土壤，而树根为了使树生存下来，却越来越深地扎入贫瘠的土壤中，这是树的顽强和聪明。

湖岸群山环抱，溪涧错落，原始森林带苍翠茂密，湖山相映，水树相亲，风景格外奇丽，被伟大的文学家契诃夫誉为"瑞士、顿河和芬兰的奇妙结合"。贝加尔湖畔阳光充沛，有300多处温泉，所以成了俄罗斯东部地区最大的疗养地。贝加尔湖畔约有40座小城镇，以前这里居民可以取清澈纯净的湖水饮用，但是在今天，湖水已受到工业污染，虽然如此，但湖水看上去依然很清澈。

知识点

关于贝加尔湖还有一个宝藏的传说，据传，俄国十月革命后，沙皇的将领带着600吨的黄金潜逃了。这笔黄金很有可能沉入了贝加尔湖底。前苏联和俄罗斯政府曾多次派出探险队和搜寻小组对贝加尔湖进行搜索，但都一无所获。这笔黄金也成了未解之谜。

延伸阅读

苏武牧羊

天汉元年(前100年)，苏武受汉武帝之命率团出使匈奴，但是匈奴内讧，苏武受牵连，匈奴首领对其劝降未果，于是让苏武去北海放羊，并言到除非公羊生出小羊，否则不会放苏武回汉朝。19年后，苏武手持只剩下节杆的旌节返回了汉朝。

"生死轮回"的湖泊 ------------------------

犀牛湖轮回，生灭周期30年一周期

湖泊也有生死轮回吗？且每30年为一个轮回，即每30年就失踪一次。这种现象让人百思不得其解。对湖泊生死轮回的研究将成为人们在研究湖泊工作方面的新课题。湖泊也会死而复生吗？这让人听起来感觉匪夷所思，但是这种会死而复生的湖泊的确是存在的。

俗话说："桂林山水甲天下，阳朔山水甲桂林。"在我国广西阳朔县的美女峰下，有一个占地面积为300亩的犀牛湖，湖面澄碧，鱼蟹游弋。然而，1987年9月30日，湛蓝的湖水却突然全部消失，只留下了湖底的淤泥。人们大惊失色！据当地人回忆，此前一个月，犀牛湖附近地下曾发出"隆隆"之声，湖水水位同时也略有降低，但湖水仍保持2米左右的深度。在1987年9月29日一夜之间湖水突然变得荡然无存。犀牛湖约30年失踪一次在阳朔县志中早已有过记载。

阳朔山水一些地质学家通过研究分析后做出解释，他们认为犀牛湖靠雨水、地表水和地下水补充水位，而湖水渗入桂林地区特有的以石灰岩架构的喀斯特地貌地下暗河时，它们夹带的泥沙就会堵塞石灰岩的溶孔，导致地下暗河断流，湖水上涨。由于水压不断加大，溶孔又会被水流疏通，如果进水量与渗水量相当，就维持了湖水的动态平衡；如果溶孔突然扩大为大的溶洞，就会听到地下"隆隆"作响，湖水转瞬流光，于是就会发生犀牛湖"失踪"这样的奇事。但是，30年一轮的生灭周期又怎么解释呢？

起死回生、周而复始的乔治湖

无独有偶，在大洋洲和美洲也有像犀牛湖这样的会"生"会"灭"的周期湖。澳大利亚的悉尼附近有一个乔治湖，湖水碧波荡漾，湖面鸟类成群，然而，1982年夏季的一天，湖水却神秘地消失了，湖底长出青草代替了碧波荡漾的湖水。据史料记载，自1820年乔治湖首次失踪算起，至今已消失过5次，也是大约30年轮回的周期。

周期轮回热水湖变为硫磺湖

在中美洲的哥斯达黎加，有座世界著名火山——波阿斯火山，自1955年最后一次喷发后，火山口因积水而成为湖泊，由于含有大量的火山熔岩气体，湖水温度远远高于气温。自1987年起，热水湖不知什么原因就开始逐渐缩小，到1989年2月，湖水彻底干涸了，湖底出现了黄色"石笋"。让人更觉得奇怪的是，半年以后，"石笋"陆续倒塌，热水湖原址上又出现了直径分别为24.11米、28.15米的两个新湖。构成石笋的硫磺溶解在水中，人称"硫磺湖"，其湖水温度比原来的热水湖高出几倍，达到116℃。这些湖泊为什么会突然"死"去，又为什么有30年的"生命周期"？热水湖为什么会变为两个硫磺湖？湖水的温度为什么会升得比沸水温度还要高呢？种种问题非常令人迷惑。

湖泊起死回生、周而复始的现象非常耐人寻味，到目前，科学家们还没有找到其大约30年一轮回的原因。因此，湖泊生死成了一个未解之谜，还有待于人们去探讨。

知识点

喀斯特地貌

是具有溶蚀力的水对可溶性岩石进行溶蚀等作用所形成的地表和地下形态的总称，又称岩溶地貌。除溶蚀作用以外，还包括流水的冲蚀、潜蚀，以及坍陷等机械侵蚀过程。

延伸阅读

石　笋

指在溶洞中直立在洞底的尖锥体。饱含着碳酸氢钙的水通过洞顶的裂隙或从钟乳石上滴至洞底。一方面由于水分蒸发，另一方面由于在洞穴里有时温度较高，水溶解CO_2（二氧化碳）的量减小，所以，钙质析出，沉积在洞底。日积月累就会自下向上生长的是石笋，从上往下生长的是石钟乳。

●诡异倒影现奇景 ————————————————————

泰姬陵的倒影呈现少女形象

倒影是自然界光反射的正常现象，这一现象早就被人类认识并掌握，所以才会有发达的光学工业。但自然界喜欢捉弄人，有一些自然现象用我们正常的思维理解不了，从而引起种种猜测。在光的照射下，镜子里，在水中……都会呈现出我们的影子，而有些景观更是以倒影闻名于世。如云南大理的三塔倒影、杭州西湖的三潭印月等。有的则是让人惊叹它的神秘。

2006年有人在拍摄泰姬陵日出景观时，意外地发现亚木纳河面上的泰姬陵倒影竟呈现出一个戴着王冠的少女形象，那倒影头像系圆脸，双目紧闭，睫毛细长整齐，鼻子高挺而美观，佩戴王冠，神情安详，似乎正甜蜜安睡。据有关专家证实，这一奇异景象还没有被发现过。泰姬陵是16世纪莫卧儿帝国的皇后慕塔之玛哈的陵墓，因此有人猜测，在亚木纳河面发现的妇女头像是泰姬陵主人的容貌。这个发现公布以后，多数人认为它将为人们破解印度古老文明历史之谜开启另一扇大门。

倒影塘的倒影奇观

在我国，也有有趣的倒影。在广东省花县的一个村子里，有个奇怪的"倒影塘"，塘内有一山峰的倒影，是据倒影塘5千米以外、海拔仅400多米高的独秀峰。附近和它相似的鱼塘却都没有独秀峰的倒影。更有趣的是，独秀峰在鱼塘西边，倒影也出现在西边；如果倒影在下午出现，可能是夕阳斜射的结果，可是上午太阳从东方升起，鱼塘中也有倒影出现，这就让人百思不得其解了。

千佛山倒影奇观

而今人和古人研究最多的是"佛山倒影"——千佛山映在相隔三四千米之外的大明湖中，而中间还间隔树林和城市高楼，这不得不是一个奇迹。千佛山只有185米高，按照常理来说，千佛山的倒影不可能映到大明湖中的。有人说它是由太阳斜射在对面千佛山上将整个千佛山倒影又折射到大明湖中而形成的。也就是光的折射原理。但是千佛山和大明湖之间有数不清的高楼阻隔，那些折射的阳光依然按照直线传播，应该都会被楼挡住，再折射回去，不可能会照到大明湖上。还有人总结了千佛山倒影出现需要三个条件：一是春秋时节日出或日落时分；二是天气风和日丽，湖面风平浪静；三是空气质量好，透明度高。说具备了这三个条件，就能观赏到佛山倒影的奇观。

晚清文学家刘鹗在《老残游记》中曾经对"佛山倒影"有过细致的描写："到了铁公祠前，朝南一望，只见对面千佛山上，梵宇僧楼，与那苍松翠柏，高下相间，红的火红，白的雪白，青的靛青，绿的碧绿，更有那一株半株的丹枫夹在里面，仿佛宋人赵千里的一幅大画，做了一架数里长的屏风。正在叹赏不绝，忽听一声渔唱。低头看去，谁知那明湖业已澄净的同镜子一般。那千佛山的倒影映在湖里，显得明明白白。那楼台树木格外光彩，觉得比上头的一个千佛山还要好看，还要清楚……"

近几年来，由于环境的污染，"佛山倒影"已经很难看见。但在春秋佳日、新雨过后、空气清新透明时，此景象偶尔也会出现，这也验证了上面提到佛山倒影出现的三个条件是正确的，但"佛山倒影"的成因至今还是没有下定论。

费解的倒影之谜

这些是现在发现的一些奇怪的倒影，在我们的周围，也许存在着让人更加费解的倒影之谜。这些谜，不能简单地用折射和反射来解释，像倒影塘和千佛山倒影，或许是纬度线上的某点相合性，也或许是太阳光照射在两点，产生了不同的折射效果。有人认为，倒影塘和千佛山倒影的形成原因应该有共同性，只要破解了其中一个的成因，另一个也可能找到了破解的钥匙。

🖍知识点

三潭印月

三潭印月岛是西湖中最大的岛屿，风景秀丽、景色清幽。又名三潭映月，面积6万平方米。岛荫凝秀，园林精雅，文脉蕴藉，丰姿绰约，名列西湖十景，尤以仲秋时节空中月、水中月、塔中月与赏月人心中各有寄托的"明月"上下辉映、神思遄飞，而向为秋游者所必到之处。

📚延伸阅读

《老残游记》

清末中篇小说，以一位走方郎中老残的游历为主线，对社会矛盾开掘很深，尤其是他在书中敢于直斥清官误国、清官害民，指出有时清官的昏庸并不比贪官好多少。这一点对清廷官场的批判是切中时弊、独具慧眼的。

●不死之海死海 ------------------------------

地球心窝的一汪泪水

"死海"奇景早已闻名于世，她的美妙之处超过人的想象。她与世上所有的海相比，美在雍容沉稳。由于海水的重量使平坦的海面激不起浪花，一波一波的水纹轻轻向岸边推来，如同轻展一绢绿绸。

死海是东非裂谷的北部延续部分。这是一块下沉的地壳夹在两个平行的地质断层崖之间。从该湖看沿摩崖高原边缘的东部断层崖比代表坡度较小的犹太隆皱特征的西部断层崖更为清晰。

死　海

死海是一个内陆盐湖，位于巴勒斯坦和约旦之间的约旦谷地。西岸为犹太山地，东岸为外约旦高原。约旦河从北注入，每年向死海注入约5.4亿立方米水，另外还有4条不大但常年有水的河流从东面注入，由于夏季蒸发量大，冬季又有水注入，所以死海水位具有季节性变化。死海长80千米，宽处为18千米，最深处415米。湖东的利桑半岛将该湖划分为两个大小深浅不同的湖盆，北面的面积占3/4，无出口。死海是世界的最低点，像深陷于地球心窝的一汪泪水，主要靠约旦河，进水量大致与蒸发量相等，为世界上盐度最高的天然水体之一。

死海是世界的最低点，像深陷于地球心窝的一汪泪水。传说中，希律大帝用死海的海水缓解了国家的忧虑。现实中，死海的海水治愈了无数人的疾痛。死海位于沙漠中，降雨极少且不规则，利桑半岛年降雨量为65毫米。冬季气候温暖，夏季炎热。湖水年蒸发量平均为1400毫米，因此湖面往往形成浓雾。湖面水位有季节性变化。湖水上层富含硫酸盐与碳酸氢盐。底层富含硫化物、镁、钾、氯、溴，其底部饱含钠与氯化物，南岸塞杜姆有化工厂及盐场。

死海的水含盐量高达25‰～30‰，除个别的微生物外，没有任何动植物可以生存。当滚滚洪水流来之期，约旦河及其他溪流中的鱼虾被冲入死海，由于含盐量太高，水中又严重缺氧，这些鱼虾必死无疑。然而，人掉进死海却不会淹死。游客们只要一到了死海就会迫不及待地奔向海水，死海波平如镜，不动声色。片刻之后，众人又奔回岸上。因为海水的盐分太浓皮肤会很痛，难以忍受。在死海里游泳，只能漂浮。全身放平于波上，但却不能挥臂伸腿畅游，否则便会被掀翻。在水浅处可以抓一把黝黑的死海泥随意涂抹于身上，据说，用死海泥经常抹遍全身，皮肤便会如婴儿般细腻。

死海的海水呈深蓝色，非常平静，如果想将自己浸入水中，应将背逐渐倾斜，直到处于平躺状态。在天气晴朗的日子里，碧波荡漾；而阴雨之时，则雾雨一片，朦朦胧胧，远山依稀，水天一片，死海总是让人感到迷离与神奇。

死海的诞生

关于死海的形成，有这样的一个古老的传说。远古时候，死海这里原来是一片丰茂的大陆。有一个很平凡的小村庄，但是村里男子们有一种恶习，先知鲁特劝他们改邪归正，否则是要受到上帝惩罚的，但他们拒绝悔改。上帝很生气，便暗中谕告鲁特，叫他携带家眷离开村庄，并且告诫他离开村庄以后，不管身后发生什么事情，都不要回头。鲁特按照上帝告知的时间离开了村庄，走了没多远，他的妻子因为好奇，偷偷地回过头去望了一眼。哎哟，转瞬之间，好端端的村庄塌陷了，出现在她眼前的是一片汪洋大海，这就是死海。但是鲁特的妻子因为违背上帝的告诫，立即变成了石人。虽然经过多少世纪的风雨，她仍然立在死海附近的山坡上，扭着头日日夜夜望着死海。现在上帝继续惩罚着那些执迷不悟的人们：让他们既没有淡水喝，也没有淡水种庄稼。

当然这是一个传说，其实，死海是一个咸水湖，它的形成是自然界变化的结果。死海的源头主要是约旦河，河水含有很多的矿物质。河水流入死海，不断蒸发，矿物质沉淀下来，经年累月，越积越多，便形成了今天世界上最咸的咸水湖——死海。据专家考察死海在日益扩张，很有可能发展成未来的海洋。

死海将死去

曾经的死海是一片荒凉，现在的死海已经多了很多的生气。几十年前为了开发利用死海的资源，这里已经建立了一些工厂，同时修建了一些现代化的游泳池、高级旅馆和游乐场所。死海上空艳阳高照，海面空气清新，含氧量高，海水治病的功能不逊于温泉，吸引着许多游客。

不过，近些年由于死海的蒸发量大于约旦河输入的水量，造成水面日趋下降。据专家统计，最近10年来，每年死海水面下降40～50厘米。长此下去，在不久的将来，南部较浅的地方，海水将会消失；较深的北部，数百年后也可能干涸。那时，死海真的要死了。

📌知识点

死海最吸引人之处毫无疑问是其特殊的海水。这里的海水高达31.5‰的盐度可以产生强大的浮力让人绝对不会下沉。死海海水富含21种矿物质，包括高浓度的镁、钠、钾，以及溴等12种无法在世界其他水体中发现的矿物质。学术研究表明，将死海沿岸丰富的黑泥和死海海水混合，混合物中还有对人体健康非常有利的元素，可以促进血液循环，缓解关节炎，改善过敏症状，以及保养皮肤。

📚延伸阅读

约旦河

约旦河谷地实际上是西亚、东非大裂谷的一个组成部分，发源于叙利亚境内的赫尔蒙山，向南流经以色列，在约旦境内注入死海，全长360多千米，它是世界上海拔最低的河。

●别样美景三色湖 ------------------------------

赤道翡翠上的三粒珍珠

印度尼西亚被誉为"赤道上的一串翡翠"，是世界上最美丽的国家之一。她不仅有迷人的热带风光，而且也有景色如画的旅游胜地，独特的三色湖就是闻名遐迩的名胜之一。

三色湖位于印尼努沙登加拉群岛的佛罗勒斯岛上的克利穆图火山山巅，由于很久以前克利穆图火山爆发而形成的。这三个火山湖里的湖水，是因为含有不同的矿物质而颜色各异。呈艳红色的左湖湖水中含有大量的铁质，呈碧绿和淡青色的右湖和后湖湖水中含有丰富的硫磺。更有趣的是，从2006年开始，红色的湖变成了棕黑色的，蓝色的湖变成了淡绿色的，而白色的湖变成了黑色的！

每逢中午时分，三色湖湖面上常常笼罩着白茫茫的云雾，好像披上了白色的轻纱，显得非常美丽。可是到了下午，湖面上经常乌云密布，遮住了日光，劲风把湖里的硫磺气味吹起，令人有不寒而栗之感，仿佛这里是另外一个世界。

三色湖周围群山环抱，重峦叠嶂，奇石矗立，林木葱茏，繁花争艳。不远处银白色的瀑布，从陡峭的山崖直泻而下，蜿蜒曲折的河流在深山幽谷里静静地流着，淙淙作响。站在山巅远眺，小河、密林、湖水尽收眼底，一座座灰色的茅屋，就像碧海上的点点渔帆。三色湖的岸边绿树成行，浅水处芦苇丛生，有成群的天鹅嬉游在其间。湖中水生植物繁茂，游鱼种类很多。

三色湖的美丽传说和美景

在三色湖周围地区流传着这样一个传说：很久以前在克利穆图火山脚下，有一对青年恋人发誓要结成夫妻，但遭到双方父母的反对。他们来到充满神秘色彩的三色湖畔，投入到呈艳红色的湖水中，双双身亡。因此，现在当地居民每逢佳节都将丰盛的祭品投到湖里，祈求天神保佑那对青年恋人。三色湖成为印尼著名旅游胜地。三色湖群绿树环抱，皆有飞瀑直入湖中，奇在飞瀑虽清，但入湖则变色。三湖中的鱼群多且大，湖边的牧民们因为宗教信仰，从不食鱼，故湖中鱼儿经常跃出湖面，与人相乐。

三色湖景四季皆有不同。四五月到湖边，杜鹃花开满山遍野，野鸭、黑天鹅湖面齐飞，声鸣湖上，群山响应。而且，到三色湖旅游，若幸运还可能遇到成群的盘羊、野牛、四不像等国家珍稀野生动物。

印度尼西亚独特的三色湖是闻名遐迩的名胜，不过并不是这里独有。在我国西藏昌都地区的边坝县边坝镇境内也有一处别样的三色湖。

我国的三色湖位于西藏昌都地区的边坝县边坝镇境内，距县城近50千米。从县城驱车，途经连片的沙棘林，穿过藏东风格独具的村庄，就可以到达海拔4200米左右的三色湖群。白湖藏语称"错嘎"，湖色灰白，绿树倒映湖面，鱼儿跳跃湖上。黑湖藏语称"错那"，三湖中面积最大，远看似墨，群山环抱，深不可测。黑湖与白湖有溪相连，宛如母子。黄湖藏语称"错斯"，三湖中面积最小，太阳光下，水色金黄，雨雾连天，湖土同色。

延伸阅读

四不像

这里的四不像为麋鹿，属于鹿科，又名大卫神父鹿，因为它头脸像马、角像鹿、颈像骆驼、尾像驴，因此又称四不像，原产于中国长江中下游沼泽地带，以青草和水草为食物，有时到海中衔食海藻。体长达2米，重300千克。曾经广布于东亚地区。后来由于自然气候变化和人为因素，在汉朝末年就近乎绝种。元朝时，为了以供游猎，残余的麋鹿被捕捉运到皇家猎苑内饲养。到19世纪时，只剩下在北京南海子皇家猎苑内一群。不久被八国联军捕捉，并从此在中国消失。

●真假难辨罗布泊----------------------------

古代丝绸之路的要冲

罗布泊在新疆若羌县境内东北部，位于塔里木盆地东部，地处古代丝绸之路的要冲，为古代东西交通必经之地，沿岸至今还保存不少古迹。罗布泊曾是我国第二大内陆河，海拔780米，流域面积2400～3000平方千米。罗布泊曾有过许多名称，有的因它的特点而命名，如坳泽、盐泽、涸海等，有的因它的位置而得名，如蒲昌海、牢兰海、孔雀海等。

古罗布泊形成于第三纪末、第四纪初，距今已有200万年的历史，在新构造运动影响下，湖盆地自南向北倾斜抬升，分割成几块洼地。现在的罗布泊是位于北面最低、最大的一个洼地，曾经是塔里木盆地的积水中心。古代发源于天山、昆仑山和阿尔金山的河流，源源注入罗布泊洼地形成湖泊。

泛指的罗布泊为罗布泊荒漠地区，东起玉门关，西至若羌至库尔勒的沙漠公路，北起库鲁克塔格山山脉，南至阿尔金山脚下，跨越了新疆和甘肃两省区地界。由于人们习惯使用泛指的罗布泊概念，离开库尔勒数千米的戈壁就被列入罗布泊范围了。狭义的罗布泊指该地区于20世纪70年代干涸的中国最大的漂移湖，位于该地区中心位置，也是最低洼地区。现虽为干涸湖盆，湖底面积仍有1200多平方千米，呈椭圆形，因为逐年干涸，形似大耳朵。

罗布泊地区的雅丹

遍布罗布泊地区的雅丹，亦称雅尔当，原是罗布泊地区维吾尔人对险峻山丘的称呼。19世纪末至20世纪初，瑞典人斯文·赫定和英国人斯坦因，先后来罗布泊地区考察，在他们的撰文中提到雅丹一词，于是雅丹便成为世界地理工作者和考古学家通用的地形术语。

每当月白风清之夜，宿营"龙城"中，颇觉眼前景物，不是古城，胜似古城。分布在罗布泊荒漠北部的风蚀土堆群，面积达2600多平方千米。由于罗布泊地区常年风多风大，天长日久，土台星罗棋布。土台变幻出各种姿态，时而像一支庞大的舰队，时而又像无数条鲸在沙海中翻动腾舞，时而又像座座楼台亭阁，时而又像古城寨堡。置身于扑朔迷离、深邃的土台群中，满目皆是神秘、奇特、怪异的"亭台楼阁"，使人浮想联翩，流连忘返。

游移交替湖

罗布泊被称为游移湖或交替湖。事实上，所谓罗布泊游移，只是塔里木河尾端位置的变动，湖盆本身并不游移。在封闭性的内陆盆地平原地区，河流下游经常自然改道。改道后的河流终点形成新湖泊，旧湖泊则逐渐干涸，成为盐泽。地质构造上，塔里木盆地东端是凹陷区，整个凹陷可称为罗布泊洼地，罗布泊湖盆就在这个洼地上。塔里木河以罗布泊

罗布泊

洼地为最后归宿。罗布泊形成可能始于上新世或更新世初。以后东侧地壳上升，湖水向西移动，湖盆东侧遗留下数条痕迹。湖水虽随地势变化而移动，但并未越出湖盆范围，故游移之说并不恰当。另外，罗布泊洼地古来即为人烟稀少地区，新湖泊形成后，无法随时命以固定的新名，而均沿用老湖名。实际上，汉唐以来的古书中均将塔里木河终点形成的湖泊，称为蒲昌海、盐泽或牢兰海；17世纪以来则称罗布淖尔或罗布泊。上述情况说明，并非湖泊本身游移或交替，而为老名新用或地名搬家。

知识点

罗布泊大耳朵

1972年7月，美国宇航局发射的地球资源卫星拍摄的罗布泊的照片上，罗布泊竟酷似人的一只耳朵，不但有耳轮、耳孔，甚至还有耳垂。这只地球之耳是如何形成的呢？流行观点认为，这主要是50年代后期来自天山南坡的洪水冲击而成。洪水流进湖盆时，穿经沙漠，挟裹着大量泥沙，冲击、溶蚀着原来的干湖盆，并按水流前进方向，形成水下突出的环状条带。正因为干涸湖床的微妙的地貌变化，影响了局部组成成分的变化，这就势必影响干涸湖床的光谱特征，从而形成

"大耳朵"。但也有不同观点，科学家们众说纷纭，争论不已，也许对于罗布泊的争论永远都不会结束。

📚 延伸阅读

　　在当地古老的传说中，往往把雅丹称作"龙城"。因罗布泊周围发育着典型的雅丹地形，似龙像城而得名。相传遥远的年代，罗布泊附近有个国家，百姓们衣不遮体，食不果腹，而国王却花天酒地。玉皇大帝得知此事，便扮做和尚下凡"化缘"。昏庸无道的国王仅施舍给他了一点盐巴。玉皇大帝大怒，调来盐泽水，淹没了这个国家，水退后出现了"龙城"。元代，意大利旅行家马可·波罗来过罗布泊地区，他在记文中写道："沿途尽是沙山沙谷，无食可觅，行人夜中骑行，则闻鬼语。"

● "圣泉"沐浴除百病 ————————————————

圣泉治病的神奇传说

　　法国比利牛斯山脉中有一个小村镇叫劳狄斯。在这个小镇附近一个岩洞的后边，有一道泉水飞珠溅玉，终年不息。这就是一个多世纪以来闻名全球的神秘"圣泉"。每年都有很多人去劳狄斯度假，其中不少人是身患重病而来的。这些患者不远千里迢迢而来，就是为了在"圣泉"的水池内洗个澡。

　　100多年来，前来圣泉求医祈福的人络绎不绝。它的吸引力远远超过了穆斯林圣地麦加、天主教中心罗马和伊斯兰教、犹太教及基督教的发祥地耶路撒冷。据统计，每年约有430万人去劳狄斯，其中不少人是身患沉疴，甚至是病入膏肓、已被现代化医学宣判"死刑"的病人。他们不远千里来到这儿，仅在圣泉的水池内泡一下，便能病情减轻，有的竟是不药而愈！

癌症青年奇迹康复

有个意大利青年，名叫维托利奥·密查利，21岁应征入伍不久，发现左腿持续疼痛，于是进凡罗纳医院治疗。活组织检查诊断为一种罕见的癌症，癌细胞已破坏左髋骨部位的骨头和肌肉。该医院便将他转到特兰德军队医院，军医院也无能为力，又将他转至博哥肿瘤中心医院。肿瘤医院对他做了进一步检查，不得不宣告他已无药可救，而且预言他至多只能再活一年。这样就又被送回到特兰德军医院。

在那里，他住了9个半月的院，左半侧从腰部至脚趾打上石膏。X射线透视发现其髋骨部继续在恶化，左腿仅由一些软组织束同骨盆相连，看不到一点骨头成分。

1963年5月26日，他在其母亲的陪伴下，经过16小时的艰难旅程到达劳狄斯，第二天便去圣泉沐浴。

圣泉的接待人员很多，他们大都是圣泉使之恢复健康的人们，病愈后自愿一年一度来此充当义务护理员。密查利由几名这样的护理员脱去衣服，光着身子被浸入冰冷的泉水中，但打着石膏的部位却未浸着，只是用泉水进行冲淋。奇迹出现了。

打这以后，密查利开始有了饥饿感，而且胃口之好是数月来所未有过的。从圣泉归家后仅数星期，他突然产生了从病榻上起身行走的强烈欲望，而且果真拖着那条打着石膏的左腿从屋

比利牛斯山脉

子的一头走到另一头！此后几个星期内，他继续在屋子里来回走动，体重也增加了。到了年底，疼痛感竟全部消失。

1964年2月18日，医生们为他除去左腿上的石膏，并再次进行X射线透视。当放射科医生将片子送来后，医生们还以片子拿错了，因为片子上明白显示出那已完全损坏的骨盆组织和骨头竟然出人意外地再生！4月，密查利已能行动自如，参加半日制工作，不久便在一家羊毛加工厂就业。这一病例，现代医学尚无法解释。

圣泉治病荒诞，专家质疑论据不足

像密查利这样的病例并非个别。据报道，在124年中，为医学界所承认的这样的医疗奇迹就达64例。这64例均经过设在劳狄斯的国际医学委员会严格审定。该机构由来自世界10个国家的30名医学专家组成，各个专家均是某个专科的权威。

科学家们当然不会相信"圣母降恩赐福"这一荒诞之说，法国著名生物学家艾列克赛·卡罗尔博士认为，这是心理过程和器官过程间的联结，使一些原属不治之症得以痊愈，因为去劳狄斯的病人大都是虔诚的宗教徒。有的医学家则认为，很可能有些病症并非是不治之症，纯粹是误诊罢了，而圣泉只不过是有类似温泉的作用，故而在圣泉沐浴后便不药而愈了。不过这一怀疑似乎论据不足，但随着现代医学的不断发展，扑朔迷离的圣泉定会真相大白。

知识点

关于"圣泉"的来历出自一个传说。1850年，法国一个名叫玛莉·伯纳·索毕拉斯的女孩到比利牛斯山脉劳狄斯岩洞玩耍，忽然，圣母玛利亚在她面前显圣，告诉她洞后有一眼清泉，并指引她前往洗一下手和脸。最后，圣母叫她转告牧师们在那里盖一座教堂，言罢倏然不见。就这样，泉水被涂上了一层神秘的宗教色彩。而那个女孩呢，据说在她以75岁的高龄去世时即以圣伯纳娣的名字跻身于圣徒之列了。

延伸阅读

温泉是泉水的一种，一种由地下自然涌出的泉水，其水温高于环境年平均温5℃，或10℃以上。泡温泉是一种自然疗法，大部分的化学物质会沉淀在皮肤上，改变皮肤酸碱度，所以具有吸收、沉淀及清除的作用，其化学物质可刺激自主神经、内分泌系统及免疫系统。常泡温泉对身体健康有益处，有人说可治疗皮肤病、心脏病等疾病，可消除疲劳，但仍要注意温泉非治百病，也要小心其危险性。

●行踪诡秘"幽灵岛"————————————

不翼而飞的岛屿

海洋中的岛屿会在不经意间突然不翼而飞，消失得无影无踪，然后时隔几个月，又如同幽灵般地重现海面。究其原因，大多数人百思不得其解，地质、海洋学家们正在展开细致的研究……航海对西方人来说是一件非常刺激、非常有意思的事情，然而许多怪事也是航海家们所发现和经历的。

1707年，英国船长朱利叶斯在斯匹次培根群岛以北的地平线上发现了一块陆地，但这块陆地始终无法接近，然而这块陆地不是光学错觉，是实体存在的，于是他便将"陆地"标在海图上。200年后，乘"叶尔玛克"号破冰船到北极考察的海军上将玛卡洛夫与他的考察队员们再次发现了一片陆地，这正是朱利叶斯当年所见到的那块陆地。航海家沃尔斯列依在1925年经过该地区时，也发现过这个岛屿的轮廓。但科学家们在1928年前去考察时，在此地区却没有发现任何岛屿的足迹。

德克尔斯蒂岛大转移

还有一座盛产海豹的小岛，它是100多年前由英国探险家德克尔斯蒂发现的，它也因此被命名为德克尔斯蒂岛。大批的捕捉者来到了这个盛产海豹的岛上，并建立了修船厂和营地，但此岛却在1954年夏季突然失踪了。大量的侦察机、军舰前来寻找均无结果。事隔8个月以后，一艘美国潜水艇在北大西洋巡逻，突然发现一座岛屿出现在航道上，而航海图上却从来没有标识过这样一个岛屿。潜水艇艇长罗克托尔上校经常在这一带海域航行，在他发现此岛后大为震惊，罗克托尔上校通过潜望镜发现岛上有人居住，有炊烟，于是命令潜水艇靠岸登陆。经过询问岛上的居民才知道，这正是8个月前失踪的德克尔斯蒂岛。

解密行踪诡秘、忽隐忽现的幽灵岛

对于这种行踪诡秘、忽隐忽现的岛屿，科学家给它们起了个挺相称的名字叫"幽灵岛"。

对于这种现象美国的海洋地质学家京利·高罗尔教授提出了自己的观点。他认为海洋上的"幽灵岛"的基础是花岗岩，它形成的年代久远，岛上有茂盛的植物和动物群，是汹涌的暗

幽灵岛

河流冲击不垮的。那么"幽灵岛"为什么会突然消失呢？他认为"幽灵岛"出现的海域是地震频繁活动的地区，海底强烈的海啸和地震使它们葬身海底。

另有学者认为，幽灵岛是聚集在浅滩和暗礁的积冰，还有人推测这些"幽灵岛"是由古生的冰构成，后来最终被大海所"消灭"。多数地质学家则认为是海

底火山喷发的作用形成此类小岛。他们认为，有许多活火山在海洋的底部，当这些火山喷发时，喷出来的熔岩和碎屑物质在海底冷却、堆积、凝固起来；随着喷发物质的不断增多，堆积物多得高出海面的时候，新的岛屿便形成了。也有的学者认为，小岛的消失是因为火山岩浆在喷出熔岩后，基底与海底基岩的连接不够坚固，在海流的不断冲刷下，新岛屿自根部折断，最后消失了。还有的学者认为，可能在海底又发生了一次猛烈的爆炸，使形成不久的岛屿被摧毁。

以上观点是有一定的道理，但是并不能真正解释其"隐居"后又重现洋面的原因。会不会是因为幽灵岛所在位置附近，地球引力由于某种原因而周期性地增强或减弱的结果？当地球引力增强时，幽灵岛下沉，进入海洋内；当引力减弱时，受到的浮力大，自然重现洋面。然而这只是猜想，到底原因何在，还有待于进一步观察与研究。

知识点

海洋中的岛屿不仅会不翼而飞，消失得无影无踪，或是又突然地出现。还有一种岛屿会旅行，就是塞布尔岛。这个小岛会移动位置，而且移得很快，仿佛有脚在走。每当洋面刮大风时，这座小岛就会像帆船一样被吹离原地，做一段海上"旅行"。经测定，近200年来，这座小岛已经向东"旅行"了20千米，平均每年移动100米，现仍以每年230米的速度在移动。

延伸阅读

花岗岩石

是一种岩浆在地表以下凝聚形成的火成岩，主要成分是长石和石英。因为花岗岩是深成岩，常能形成发育良好、肉眼可辨的矿物颗粒，因而得名。花岗岩不易风化，颜色美观，外观色泽可保持百年以上，由于其硬度高、耐磨损，除了用做高级建筑装饰工程、大厅地面外，还是露天雕刻的首选之材。

●凯恩斯的大堡礁 —————————————————

垂直耸立于深不可测海洋中的一面巨大的珊瑚墙

大堡礁由400多种绚丽多彩的珊瑚组成，造型千姿百态，堡礁大部分没入水中，低潮时略露礁顶。从上空俯瞰，礁岛宛如一块块碧绿的翡翠，熠熠生辉，而若隐若现的礁顶如艳丽花朵，在碧波万顷的大海上怒放。

大堡礁位于澳大利亚东北部昆士兰省对岸，是一处延绵2000千米的地段，它纵贯蜿蜒于澳大利亚东海岸，全长2011千米，最宽处161千米。南端最远离海岸241千米，北端离海岸仅16千米。大堡礁是世界上最大的珊瑚礁区。早在1770年，发现澳大利亚大陆的库克船长，在笔记中将大堡礁描述为"垂直耸立于深不可测海洋中的一面巨大的珊瑚墙"。最南端的珊瑚礁在弗雷泽岛以北，距离昆士兰海岸线200千米。大堡礁由数千个相互隔开的大小礁体组成，其中较著名的有格林岛等。许多礁体会在海水低潮时浮出水面或稍被淹没，有的形成沙洲，有的则环绕岛屿或镶附在大陆岸边。

色彩斑斓的珊瑚礁

大堡礁属热带气候，主要受南半球气流控制。由于这里自然条件适宜，无大风大浪，成了多种鱼类的栖息地，而在那里不同的月份还能看到不同的水生珍稀动物，让游客大饱眼福。

在大堡礁群中，色彩斑斓的珊瑚礁有红色的、粉色的、绿色的、紫色的、黄色的。它们的形状千姿百态，有的似开屏的孔雀；有的像雪中红梅；有的浑圆似蘑菇，有的纤细如鹿茸；有的白如飞霜，有的绿似翡翠；有的像灵芝……不可名状，形成一幅千姿百态、奇特壮观的天然艺术图画。白天在珊瑚礁阴影下的水中一片沉寂，但夜晚各种动物都纷纷出来活动。珊瑚虫在夜间觅食，伸出彩色缤纷的触须捕食浮游微生物。无数珊瑚虫的触须一齐伸展，宛如鲜花怒放，但白天不能伸出触须，否则会遮住虫黄藻需要的阳光。

珊瑚群平时大部分隐在水中，只有低潮时略露礁顶。各色的珊瑚礁以鹿角形、灵芝形、荷叶形、海草形在海底扩展美丽的身躯。这里分布有400余种不同类型的珊瑚礁，其中包括世界上最大的珊瑚礁。约有350种珊瑚虫与水母有亲缘关系，每个珊瑚虫的嘴周围长着一圈触须，从海水中吸取碳酸钙，变成石灰质的外壳，无数外壳累积起来便成为珊瑚礁。

天然的海洋博物馆

大堡礁海域生活着大约1500种热带海洋鱼类，有泳姿优雅的蝴蝶鱼，有色彩华美的雀鲷，漂亮华丽的狮子鱼，好逸恶劳的印头鱼，脊部棘状突出并且释放毒液的石鱼，还有天使鱼、鹦鹉鱼等各种热带观赏鱼。珊瑚礁将潟湖包了个严实，这里风平浪静，是天然的避风港，各种鱼类、蟹类、海藻类、软体类，五彩缤纷、琳琅满目，透过清澈的海水，历历在目。成群结队的小鲹鱼在大堡礁外侧捕食浮游生物。体重达90千克长相古怪得令人生畏的巨蛤每次至少产10

大堡礁

亿颗卵。欲称霸海洋的鲨鱼，柔软无骨的无壳蜗牛，硕大无比的海龟，斑点血红的螃蟹……被潮水冲上来的大小贝壳闪烁着光芒，安静地躺在沙滩上。

　　大堡礁堪称一座天然的海洋博物馆。以格林岛为例，它是珊瑚断裂堆积形成的礁盘。与大陆岛屿不同，对于植物而言，礁盘是贫瘠的。当风、海浪或海鸟将植物的种子带到礁盘上，种子必须扎进礁盘上富有营养的沙子中才能成长。慢慢地，沙地上长出植物，植物又吸引了鸟的栖息，鸟为沙地带来更多养分和种子。周而复始地，礁盘上才生长出越来越多的植物。作为神奇复杂的水中结构，大堡礁也是1500多种鱼、359种硬珊瑚、世界上1/3的软珊瑚、近8000种软体动物以及大量海洋动物和海鸟的家。

知识点

　　大堡礁是世界上最有活力和最完整的生态系统。但其平衡也最脆弱。如在某方面受到威胁，对整个系统将是一种灾难。大堡礁禁得住大风大浪的袭击，当21世纪来临之际，最大的危险却来自现代的人类，土著在此渔猎已数个世纪，但是没有对大堡礁造成破坏。20世纪，由于开采鸟粪，大量捕鱼捕鲸，进行大规模的海参贸易和捕捞珠母等，已经使大堡礁伤痕累累。

延伸阅读

珊瑚礁

　　珊瑚礁是石珊瑚目的动物形成的一种结构。这个结构可以大到影响其周围环境的物理和生态条件。在深海和浅海中均有珊瑚礁存在。它们是成千上万的由碳酸钙组成的珊瑚虫的骨骼在数百年至数千年的生长过程中形成的。珊瑚礁为许多动植物提供了生活环境，其中包括蠕虫、软体动物、海绵、棘皮动物和甲壳动物。此外珊瑚礁还是大洋带的鱼类的幼鱼生长地。

奇异的岩石

　　山山水水、花花草草，都是大自然的一笑一颦，即使是石头也能令人惊讶叫绝，尤其是罕见的怪石群景观。这些天然石雕，有的惟妙惟肖，妙趣天成，有的则似是而非，朦朦胧胧，更具抽象美，有时甚至会令人进入看什么是什么，想什么像什么的绝妙境界。

　　野柳地质公园的奇石、怪石峪的怪石群、石树沟的硅化石、卡帕多奇亚奇石的精灵烟囱、历史遗留的化石林，还有会"杀人"、"报时"、"开花"的石头，以及神秘的怪石圈。这些奇妙的现象如何解释呢？

　　也许当这一派奇异的岩石美景呈现在人们眼前，常使人怀疑是在地球，还是其他的星球。不由得感叹大自然的鬼斧神工。那是一双多么神奇的手，把小小的岩石做成奇形怪状的美景，并在岁月的流逝中，不断地变化发展，千百年后或许又是另一番景致，让人无法琢磨。

●野柳地质公园奇石 ----------------------------

独特的野柳风景区

　　野柳风景区位于台湾省基隆市西北方约15千米处的基金公路，是一突出海面的岬角（大屯山系），长约1700米，远望如一只海龟蹒跚离岸，昂首拱背而游，因此也有人称之为野柳龟。受造山运动的影响，深埋海底的沉积岩上升至海面，产生了附近海岸的单面山、海蚀崖、海蚀洞等地形，海蚀、风蚀等在不同硬度的岩层上作用，形成蜂窝岩、豆腐岩、蕈状岩、姜状岩，风化窗等世界级的岩层景观。

野柳奇岩怪石的形成

进入野柳风景区，沿着步道而行，一路可尽览奇特的地质景观。野柳长约1600米，宽仅250米，有丰富的海蚀地形，在2000多万年前，台湾仍在海里，由福建一带冲刷下来的泥沙，一层层地堆积出砂岩层，600万年前的造山运动把岩层推挤出海面，造成台湾岛，野柳是其中的一部分。造山运动挤压时，在野柳的两侧推出两道断层，断层带破碎易受侵蚀，所以两侧凹入成湾，中间突出形成海岬。接下来，在海浪、雨水和风的侵蚀和地壳不断的抬升下，造成野柳的奇岩怪石。

在海里下倾斜的岩层受到挤压，产生节理，地壳继续上升，岩层露出海面，受到海浪拍打，节理被海水侵蚀越扩越大，地壳继续上升，下层的岩层也受到海浪拍打侵蚀，由于岩质较软弱，侵蚀速度较快，形成脖子细长的蕈状岩。一个个长得像洋菇模样的蕈状岩，头上布满许多大大小小的坑洞，远看好像蜂窝一样，仔细看所有蕈状岩的头部，似乎可以连成一个平面，这是因为这一层岩石含钙质或生物的碎屑比较多，而且常有结核，当这些受到海浪冲击和被海水或雨水溶解，就会出现小洞，小洞岩壁继续受溶蚀作用便会逐渐扩大。

岩层中有许多小型的结核，海浪侵蚀岩层时，有些结核会露出岩层表面，凸出的小结核比周围的岩层坚硬，所以海水会沿着它的外围，就像人站在沙滩上，海水顺着人的脚形流下，脚周围的沙就会凹陷下去一样，结核四周的凹槽盛装着海水，使附近的岩层得以保持潮湿，但距离较远的岩层由于受到海浪与风化侵蚀，干湿交替影响，岩质较为脆弱，在海水不断侵蚀下，岩层逐渐剥落，就形成了圆柱的烛台。烛台石的特异造型举世无双，每一支烛芯的大小形状都不同，像是被风吹动的烛火，或明或暗，真是太奇妙了。

野柳风景区奇石

风景区分三大区：第一区女王头、仙女鞋、乳石等，第二区豆腐岩、龙头石等，第三区海蚀壶穴、海狗石等。

第一区属于蕈状岩、姜石的主要集中区。在第一区中可看到蕈状岩的发育过程，同时也有丰富的姜石、解理、壶穴与溶蚀盘，著名的烛台石与冰淇淋石也位于本区。

第二区的地景与第一区相似，皆以蕈状岩及姜石为主，但数量比第一区少，著名的女王头、龙头石与金刚石皆位于本区。于第二区靠近海边可看到3种形状特别的岩石，分别取名为：象石、仙女鞋和花生石。三者都是岩层中形状特殊的结核，经过海水侵蚀后，而突出于海边的小地景。

第三区是野柳另一侧的海蚀平台，比第二区狭窄，平台一侧紧贴峭壁，另一侧底下则是急涌的海浪，在这里可看到不少怪石散置期间，其中，较特殊的有二十四孝石、珠石、玛伶鸟石，三者都是形状特殊的结核，经过海水侵蚀后，所呈现的奇特岩石。第三区除了奇岩怪石的自然地景之外，同时也是野柳地质公园内重要的生态保育护区。

知识点

蕈状岩是野柳最具代表性的地形景观，尤其是"女王头"雍容尊贵的形态，早已成为野柳地质公园的象征。女王头本身就是一个蕈状石，形成原因和其他蕈状石大致相同。由于它的颈子修长、脸部线条优美，神态像极昂首静坐的尊贵女王，大家才特别称它为"女王头"。

延伸阅读

蕈状岩的演育过程要历经千万年，一颗颗活像是大香菇的蕈状石，是野柳最引人注目的风景。蕈状石，因外观像是一柱擎天的巨型香菇，因此又称为擎柱石，整个野柳公园内有180余个，完整地记录了蕈状岩的演育过程。

●怪石群库怪石峪 ----------------------------

巨大的怪石群库怪石沟

山，不仅仅是山，几乎这里所有的石头都是独立的，石头与石头相互叠加在一起，就形成一种高度。这些石头的模样非常传神奇特，所有的石头都可以拥有一个独特的名字。这里就是怪石峪。

怪石峪是中国西部巨大怪石群库之一。位于博乐市东北38千米处，东西长20千米，南北宽7千米，总面积230平方千米，

怪石峪

海拔1200米，素以奇石象形闻名遐迩。怪石沟里怪石林立，被当的地哈萨克族人称为"阔依塔什"，意思是像"羊一样的石头"。

怪石峪怪石嶙峋

怪石峪历经沧海桑田、风沙侵蚀，形成现今山石怪异、孔穴象形花岗斑岩地貌，实属神奇巧合、自然天成。

怪石峪内石笋耸立、石蘑丛生、石廊迂回、石径通幽，还有银河瀑布、玉阶升天、天桥横过等异境，可谓鬼斧神工、天公造化。这里岩石裸露、怪石遍地、异态纷呈，有的状如天狗望月、苍鹰俯鼠、大象戏水、沙海骆峰、石猴护子、鲨鱼跃水，有的宛如古堡、亭阁，众石各异。怪石的面目，往往因观赏位置的不同，昼夜晴雨的交替，晓霞暮霭的变幻而变化，几乎每块怪石都有不同的来历和传说，这就赋予了各个奇石以性格。游人自可浮想联翩、驰骋思绪、任意评点。

怪石山下，林木丛生，小溪蜿蜒，潭泽连珠、丛丛绿荫、山花遍地。怪石

峪山顶又是一道亮丽的景观，登上山顶，放眼远眺，连绵草场，尽显粗犷边塞风景。此外，怪石峪的石头上有灰色或赭石色的苔藓，那些苔藓会随着季节的变化而变化，夏天多呈灰色或赭石色，而冬天就奇迹般变成了鲜亮的红色。

古人云："凡山皆有石，有石非皆怪，一山多怪石，此山非凡山。"漫步在形状各异的山石间，感受着怪石峪的怪石，领略着大自然美不胜收的奇观，体味着奇石所引起的遐想……挥别怪石峪之后，对怪石峪的留恋惜别之情久久不能散去。

怪石峪承袭灵气之石

如来佛祖：在"如来佛祖"那块大石头上，佛祖背过身去侧身躺着，头枕着一只手，像是刚刚圆寂的样子，形态活灵活现。石头上凿刻着"阿弥陀佛"的字样。在石头前，放置着祭拜佛祖的龛台，旁边立着一个功德箱，龛台上面，那香正燃得起劲。在"佛祖像"石头的对面，有一座石头盖成的青色小屋子，那么宁静。

两只小绵羊：两只小绵羊形的石头，显然不是拼凑的石头伴立而卧，而是在一块垂直的大石头上，形似凿刻出来的两只绵羊的图案。两只小羊背靠背而坐，像一对至交的朋友品味着在一起的欢乐时光，又像是一对亲密的情侣，背靠着背遵守着幸福而又静谧的誓言。

怪石峪的形成

据考证这里2.3亿年前是海底，由于火山爆发岩浆堆积而成花岗斑岩。1.9亿年前，由于地壳运动，炙热岩浆侵出地表形成花岗斑岩。花岗斑岩在冷却的过程中形成了许多原生立方体节理（裂缝），节理就成为日后风化侵蚀的突破口，整块岩石慢慢分割成相对独立的块石，球状风化继续深入进行，便形成了石蛋地形，如现在人们所看到的"飞来石"。

在怪石峪地区昼夜、冬夏温差大，岩石产生强烈的物理胀缩作用，由于岩石中不同矿物胀缩率不同，粗粒斑晶在强烈的差异胀缩反复作用下而崩解，再加上长石和云母的水解腐蚀，花岗斑岩表面逐渐疏松，经过暴雨的洗刷，岩面形成凹处，强风又将松散的岩屑吹走，如此反复，岩面上的凹穴不断增大，逐渐形成了孔穴地貌。

🖊️ 知识点

苔藓会随着季节的变化而变化，原因在于那些花岗岩矿物的石头里还有金属的原色，因此在冬季暖阳的照耀下凸显了它们的本来面目。但有人认为，这是因为冬天色彩过于单调，显现明丽的颜色是为了增加冬季单调的生机，色彩是与石头达成了高度的默契。

📚 延伸阅读

花岗斑岩属于酸性岩，杂色；斑状结构，块状构造，主要矿物组成为钾长石、石英，有时也有黑云母和角闪石。石英斑晶往往呈六方双锥状。钾长石为正长石或透长石。黑云母和角闪石有时可见暗化边。斑晶通常被基质熔蚀，基质呈微花岗结构。

●石树沟硅化木岩石 --------------------------

亚洲规模最大、最为壮观的硅化木群

硅化木当地人称为石树，是一种树木的化石，在世界各地都有发现，有很高的地质和古生物研究价值。像将军戈壁上遗存的这么完整，这么大规模的硅化木群，在全世界都极为罕见。将军戈壁上的吉木萨尔、奇台、木垒境内都有分布，如吉木萨尔的滴水泉、奇台的石树沟、木垒的北塔山下都存有规模可观

的硅化木群，其中以奇台石树沟的硅化木群规模最大，也最为壮观。石树沟现存的硅化木，是目前亚洲最大的硅化木群，在全世界也名列前茅，这里有一根26米长的硅化木，比世界之最美国硅化木少了4米，屈尊世界第二。这片硅化木总面积大约1.6平方千米，共遗存硅化木1000多株，而且多保存完整。

硅化木的形成

石树沟位于新疆奇台县北，距县城100多千米，四周不远就有魔鬼城、恐龙沟、石钱滩等景观。石树沟海拔仅540米，地势低洼，附近是一些低矮的小丘，遍地都是火烧的痕迹，色彩赭红，可能与火烧山属同一种地貌。据专家考证，在1.3亿年前，这里曾是一片生机勃勃的原始森林，生长着云杉、水杉、落叶松、金钱松、银杏、白桦等几十个树种，后来又出现了"木贼"、苏铁、羊齿及其一些矮小的灌木。

可以想象，那时这里是一个多么美好的地方：仰看古木参天，低头绿草如茵，一群群的史前动物游戏其中，体态臃肿的恐龙，身体细长的水龙兽，威猛无比的剑齿虎，还有数以万计的各种禽鸟争鸣其间，比起今天的亚马孙原始森林也决不会逊色。然而一场突如其来的浩劫，夺去了这里的一切，强烈的地壳运动，将这片森林深埋地下，连同那些可爱的动物。大自然就是这样无情。随后，含有二氧化硅的水渗入地下，便使树木形成现有硅化木，而稍浅一些的则形成煤炭。又是多少万年后，在新的地壳运

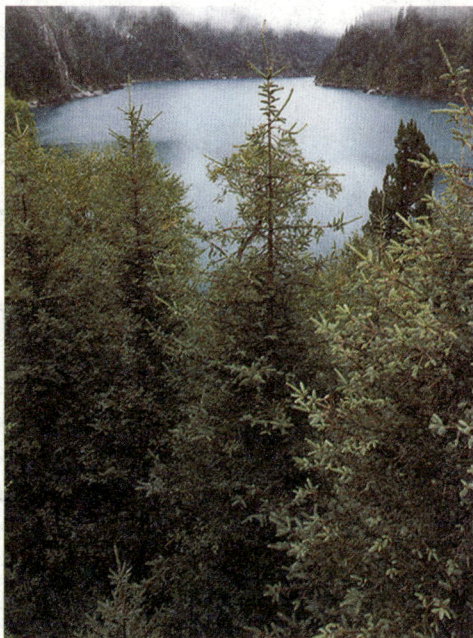

云 杉

动和风的作用下，这些石化树木又重见天日，覆盖其上的煤炭最先被燃烧殆尽，幸好这些树木已具有了石的属性，才幸免了另一场火的劫难。

千姿百态的硅化木

这些来自远古时代的大自然子民，虽然历经上亿年的磨难，仍保持一种孤傲不屈的品格。一株株打量过去，石化的树木散落在戈壁。只见它们神态各异，心事各异，有的树身完整，像刚刚伐倒，还散发着树脂的新鲜气息；有的则断成数截，但依然保持完整的躯势；有的卧于山巅，像巨蟒探出头来俯瞰大地，将一声没喊出来的呐喊噎在喉头；有的半截埋在山体，半截戳了出来，昂头翘尾，挣扎出世；有的一头倒在沟渠之上，成一座天然独桥。

硅化木高矮不等，高者近2米，矮者几十厘米。它们不仅高矮不等，而且粗细不均，高者几近2米，矮者不过几十厘米，粗者三人合抱不拢，细者也不过一握。然而，它们以树纹呈现出来的表情却是相同的，以几万年的执著，屏住意念地等待。

最引人注目的是那些已躺倒在地的树干，那棵硅化木之王就卧倒在这里，最粗的一株直径竟达二三十米。有的树身完整就像刚被放倒；有的已断成数截，但仍保持着完整的躯势。有一棵正好卧倒在一条小沟之上，就像一座天然的桥梁，传说只要青年男女携手从这里走过，就会相爱一生，所以，来此旅游的人不论老少，都要在上面走一走。最让人感叹的是那些树墩，虽然它们的生命被摧残到极限，但它们裸露的根系就像强有力的鹰爪，牢牢地抓紧它脚下的泥土，所以凡有树墩的地方，一定高出地面许多，就像一个个坚固的碉堡，固守着一个远古生命的信念。

硅化木的考古价值和经济价值

此外，硅化木还被称作神木。《大唐西域记》中唐玄奘从西域带回三件宝：佛经、释迦牟尼的舍利丸、神木（木化石）。佛学禅宗认为"万物俱灭，唯有石头传世"，木头变为顽石是神的造化，神木又称为禅石，信奉佛教的西域回纥人不断向长安进贡神木，长安城大寺院以拥有一块神木而荣耀。在奇台，一位研究石谱的专家讲"神木"在日本演化成"神户"的故事。

硅化木除了高度的考古价值，它的经济价值也很可贵。硅化木质地细腻、坚硬、色泽丰富又有清晰的纹路，是高档工艺品加工的优良材料。所以近年有许多不法分子前来盗采，使硅化木群遭到一定程度的破坏。但有关部门已加强了管理，并拨出经费对重点硅化木进行了封闭保护，破坏硅化木的行为才得到有效的遏制。

硅化木群正在被开辟成向世界开放的景区，一些配套服务设施也正在筹划中，相信不会太久，这里一定会成为人们向往的旅游景区。

📏 知识点

硅化木是真正的木化石，是几百万年或更早以前的树木被迅速埋入地下后，其组织被地下水中的二氧化硅替换而成的树木化石。它保留了树木的木质结构和纹理。颜色为土黄、淡黄、黄褐、红褐、灰白、灰黑等，抛光面可具玻璃光泽，不透明或微透明。

📚 延伸阅读

相传唐开元二十六年（738年），学成归国的日本学子得到唐玄宗的奖赏，一块五尺长的神木运到日本，成千上万的僧侣到海岸迎接，神木供奉在寺院里，所在地更名为神木，寺院声誉大振，神木登陆的海湾几乎家家户户都有人出家为僧，小镇因而得名神户。近几年许多日本学者到新疆谒拜神木家园，常常跪倒在戈壁砾石上，拥抱着神木流下热泪。

●卡帕多奇亚奇石精灵烟囱 --------------------

独一无二的神奇地貌

卡帕多奇亚以独特的喀斯特地貌焕发着摄人魂魄的美，令无数旅行者魂牵梦萦，这曾被美国《国家地理》杂志评选为十大地球美景之一。

卡帕多奇亚距离土耳其首都安卡拉约260千米，位于安那托利亚中部的高原。人类在那里居住至少有8000年，在历史上有很长一段时间与世隔绝，不通音信。在这里，自然的伟大力量锻造出了世上独一无二的神奇地貌。

光阴荏苒，历史上不断有入侵者对卡帕多奇亚产生兴趣。由于卡帕多奇亚人向波斯人进贡了健壮的马匹和技艺精湛的金银工匠，波斯人把这里叫做"卡帕多奇亚"（Katpatuka），在古波斯语中的意思为"纯种马之国"，其寓意就是美丽的马乡，这是因为当时卡帕多奇亚人用马匹作为祭品。

如神话般壮美的神奇"烟囱"

卡帕多奇亚的精灵烟囱林林总总，冲天而立，形成独特的石林景观。有的像一根纤细的电线杆，有的则像一座巨大的碉堡。有的呈浅红色、赭色或棕色，有的则呈灰色、土黄色或乳白色。岩石表面甚为光洁，随着阳光和云影的变幻不断改变自己的色调。

在空中俯视卡帕多奇亚地区最为奇妙，这里集中山谷、沟壑、沙丘、石林等众多差异很大的景观。卡帕多奇亚岩石表面光洁，在阳光和云影的变幻中，奇特的古城堡也不断地变换着自己的色调。一块块淡黄发白的岩石，或是高起如锥，或是尖耸如金字塔，或是像戴帽子的城堡，也或是像一枚枚巨大的尖钉突起在山坡上，还有一块块沟壑纵深的岩石连绵成片，形成了一座座奇特的山谷。在高原湛蓝天空的映衬中轮廓分明，在强烈的阳光直射下熠熠生辉。

神奇烟囱景观的形成

数百万年前，三座火山（Erciyes、Hasandag和Golludag）先后大爆发，火山灰覆盖了卡帕多奇亚地区，喷出的大量岩浆冷却、钙化，凝固成的风化岩层具有良好的可塑性，易于受腐蚀。之后，较耐腐蚀的玄武质火山岩覆盖了松软的风化岩层。

随着时光的流逝，玄武质岩石碎裂，变得疏松，将松软的风化岩重又暴露出来。慢慢地，除了被玄武岩像伞一样遮盖起来的地方外，雨水把风化岩石侵蚀出一条条沟壑，形成了陡峭的神奇烟囱景观。也有些坚硬的石灰岩被磨出平滑的石头波浪。岩石一波一波卷向前方，随阳光的变幻，岩石的颜色可以由白到粉红再变成暗紫色。

卡帕多奇亚的无限魅力

卡帕多奇亚的奇岩地貌仿佛月球的表面，绵延几千千米。而它的魅力远不止于此。让卡帕多奇亚久负盛名的还有建于10世纪、装饰着华美壁画的拜占庭风格的岩窟教堂。其中最有名的要算已经列入联合国教科文组织世界遗产名录的格莱梅露天博物馆所包罗的数十座中世纪岩窟教堂。

数个世纪前，人们掏出岩壁里松脆的石头，挖成窑洞居住。除此之外，还凿出了寺庙和教堂。早期的基督教徒在这些教堂中绘制壁画，以表示自己虔诚的信仰。时至今日，已经发现了超过600个民居、教堂和寺庙的遗址，其中大部分都装饰有壁画。通过这些绘画，可以看到卡帕多奇亚的守护者——拜占庭帝国在历史上遭受的苦难。由于中世纪早期席卷当地的一场宗教运动（禁止出现人的形象，以抵抗偶像崇拜），画中的人物脸部大都遭到毁损。

但直到现在在卡帕多奇亚的洞穴顶部以及墙壁上还可以看到1000多年以前留存下来的许多精美的壁画。虽然基督教徒从这里消失了，但基督教的建筑却在这里大量遗留下来，属于基督教的文明在这里一直延续了下去。

知识点

因为卡帕多奇亚地貌的特殊性，这里是好莱坞大导演们的最爱，其中最著名的莫过于星球大战第一部，影片中的外星人基地就是这里。风、雨和地表径流一道，造就了仿佛来自童话故事或者科幻电影中的景色：一路上，可以饱览如神话般壮美的神奇"烟囱"，有的高耸陡峭，有的像笋尖，有的如柱形，还有色彩斑斓、高低起伏的小山，以及一丛丛绿意盎然的杨树。

延伸阅读

拜占庭帝国

又称东罗马帝国。位于欧洲东部，领土曾包括亚洲西部和非洲北部，是古代和中世纪欧洲历史最悠久的君主制国家。拜占庭帝国通常被认为开始自公元395年至1453年。在其上千年的存在期内它一般被人简单地称为"罗马帝国"。帝国的首都为新罗马，即君士坦丁堡，现在的伊斯坦布尔。

●历史痕迹化石林 ------------------------------

千姿百态、异样森林

世界上最大、最绚丽的化石林集中地是美国的化石林国家公园，它位于亚利桑那州北部阿达马那镇附近。数以千计的树干倒卧在地面上，平均宽度0.9～1.2米，长18～24米，最长达37.5米。在完整的树干周围，还有许多零散破碎的木块。这些石化的树木，年轮清晰，色彩艳丽，就像大块碧玉与玛瑙之间夹杂着一片碎琼乱玉似的，在阳光下熠熠发光，使人叹为观止。

美国化石林国家公园的化石林可谓千姿百态，绚丽动人，"碧玉森林"、"水晶森林"、"玛瑙森林"、"黑森林"……光是这些称呼就足以让人目眩，这世界上最大最美的化石林向世人展现着它的另一番别样景致。

但是不管游客如何喜爱那些琳琅满目的可爱岩片，采撷一两片带回家去却是绝对不允许的。据说，在最早一批探险家发现化石林之前，岩石晶体的颜色还要丰富得多。后来，随着人们纷沓而至，将晶体开采后运出园外，当时一些很常见的颜色，像半透明的紫水晶色、烟白色、柠檬黄色的晶体，现在已经见不到了。

最美丽的是"彩虹森林"，这里遍布五彩斑斓、犹如镶金叠玉的石化树木，年轮清晰，纹理斐然，在阳光之下闪闪发光。它们原是史前林木，约在1.5亿年前的三叠纪年代，由于洪水冲刷裹带，逐渐为泥土、沙石和火山灰所掩盖，几经地质变迁，沧海桑田，陆地上升，使这些埋藏地下的树干重见天日；可是其水质细胞，经历矿物填充和改替的过程，又给溶于水中的铁、锰氧化物染上黄、红、紫、黑和淡灰诸色，这就成了今天的五彩斑斓、镶金叠玉的化石树。

园内还有几处印第安人废墟和重建的供游人参观的印第安人村落、史前时期的飞狮石刻和有宗教及部族象征意义的图案。园内有羚羊、山猫、郊狼、响尾蛇等野生动物以及丝兰花、百合、仙人掌、紫菀等植物。在零星散落的彩色化石岩林中，有一处景致不可错过，那就是长200米，名为"蓝色弥撒"的环行路两侧山坡的迷人景色。从路中向下俯视，蓝紫色的山丘高矮起伏，营造出一种身处外星球的奇异梦幻的色调。

"彩色沙漠"

在化石林国家公园中的许多处化石林中，尤以公园南门附近的"彩色沙漠"最为著名。光秃起伏的沙丘地，单一呆板的土黄色，美国化石林国家公园内这片荒漠原本只是了无生趣的沙丘地。但是，有了屹立在沙丘上的一片彩色岩石林的点缀和渲染，原本平淡无奇的荒丘顷刻间幻化成了色彩斑斓、情趣盎然的"彩色沙漠"。化石林公园中央贯穿有一条长45千米的公路。这些景点或侧重于横穿彩色沙漠的狭长山谷的恢弘气势，或侧重于富有印第安土著文化特色的岩石雕刻。当然，最吸引人的景色还是要数由2.5亿年前的树木演化沉积而成的彩色岩石。

知识点

据说，"彩色沙漠"的奇异景致最早是由来此探险的一群西班牙探险家发现的。他们惊诧于这里的"岩石"呈现出的宛如七色彩虹一般多彩、明快的色调，于是给这片岩石地取名"彩色沙漠"。

延伸阅读

化 石

化石是存留在岩石中的古生物遗体或遗迹，最常见的是骸骨和贝壳等。研究化石可以了解生物的演化并能帮助确定地层的年代。保存在地壳的岩石中的古动物或古植物的遗体或表明有遗体存在的证据都谓之化石。

●奇石"杀人"于无形 --------------------------

探险耶名山

有一块神秘的石头，被人挖掘出来后，只要靠近它的人都会死去，这是一块什么石头呢？自然界存在很多神秘的力量都可以置人于死地，一块巨石既不是人为地去杀人，也不是突然滚动误伤人命，而是在无形中就"杀害"了接近它的人。

在非洲马里境内的耶名山上有一片茂密的森林，林中有各种巨蟒、鳄鱼、狮子等。然而，在耶名山的东麓，却极少有飞禽走兽的踪迹。1967年耶名山发生了强烈地震，震后向耶名山东麓远远望去，总有一种飘忽不定的光晕，尤其是雷雨天，更是绮丽多姿。据当地人说，这里藏着历代酋长的无数珍宝，从黄金铸成的神像到用各种宝石雕琢的骷髅，应有尽有。神秘的光晕就是震后从地缝中透出来的珠光宝气。这个说法究竟是真是假，谁也不能证实。政府为澄清事实，便派了探险队员去耶名山东麓探索。

莫名其妙死去的人

探险队员来到这里以后，便是雷雨交加。在电闪雷鸣中，探险队员清晰地看到不远处那片山野的上空冉冉升起一片光晕，光亮炫目。光晕由红色变为金黄色，最后变成碧蓝色。暴雨穿过光晕，更使它缤纷夺目。雨停以后，他们继续前进。探险队在那片山野上发现了许多死人，根据观察，这些人已经死去很长时间了，身躯扭曲着，表情十分痛苦。但奇怪的是，在这么炎热的地方，竟没有一具尸体腐烂。探险队猜测这些人可能是不听劝告偷偷进山寻珍宝的。可是他们为什么会莫名其妙地死去呢？为什么尸体没有腐烂呢？

杀人的椭圆形巨石

探险队员四处搜寻线索，一名队员突然发现从一条地缝里发出一道五彩光芒，色彩不断变幻着。难道是历代酋长留下的珍宝？经过一个多小时的挖掘，探险队终于从泥土中清理出一块重约5000千克的椭圆形巨石。半透明的巨石上半部透着蓝色，下半部泛着金黄色，通体呈嫣红色。探险队员们把巨石挪到土坑边上，准备看看它是什么。这时，队员们突然纷纷开始抽搐，视线模糊，后来又都相继栽倒。只有一名队员头脑还保持着清醒，他走到半路时，也一头栽了下去，但被人送进医院。医生检查发现，这名队员受到了强烈的放射线的照射。后来有关部门立即派出救援队赶赴山上抢救其他探险队员，但无一生还。而那块使许多人丧命的"杀人石"，却从陡坡上滚入了无底深渊。人们也因此丢失了破解石头杀人之谜最重要的证据。

"杀人石"杀人之谜

有人说"杀人石"是一个巨大的放射源，只要接近它的人都会被辐射而死。也有人说那是历代酋长为了保护他们的宝藏而寻找出来的"保护石"，一旦有人动了这些宝藏的念头，就会受到"保护石"的惩罚。更有人认为这块石头是来自太空的陨石，所以才能发出置人死地的放射线。当然，也有人不相信这块石头的存在，认为这可能是探险队员编造的，最后以滚到深渊无法找到来欺骗人们。种种说法都无法找到答案。于是，有人提出，现在科学技术那么发达，人类完全可以找到这块"杀人石"。只有找到了，才能解开"杀人石"的秘密。

杀人石

📜 **知识点**

放射线

一种不稳定元素，衰变时，从原子核中放射出来的有穿透性的粒子束，分α射线、β射线、γ射线，其中γ射线贯穿力最强。另外，放射线对环境和人体有一定的危害。

📚 **延伸阅读**

酋长

一个部落的首领。酋长制度在撒哈拉沙漠以南的非洲广大地区比较普遍，尤其盛行在广大偏远、落后的地区。据考察，酋长制度最初是从原始的氏族制度发展演变而来的。非洲在从奴隶社会向封建社会逐渐过度时，大大小小的酋长土邦和酋长制度便慢慢在氏族制度的基础上形成。

●换衣"报时"的怪石 --------------------------------

更换颜色来"报时"

古怪的石头竟然通过一日之内"更换"不同颜色的"外衣"来给当地人报时，并且根据太阳的照射角度不同来变幻自己的"造型"。这种现象的成因是什么呢？是光照角度不同造成的还是另有其他原因？考古学家和地质学家们正努力探寻答案。

有块怪石每天通过自己很有规律地像变色龙似的"更换"不同颜色的"外衣"来提醒人们岁月如梭。不过它更换外衣颜色不是因为外界颜色的变化，而是由于太阳光照射方位的变化而变化的。这听起来似乎让人难以相信，然而它却每天准时准点地变换颜色，给人们"报时"。

这就是澳大利亚中部阿利斯西南的茫茫沙漠中的"报时"怪石——艾尔斯巨石。这块怪石身高348米，长约3000米，露在地面上的部分就可能有几亿吨重。它是当地居民的"标准时钟"，当地居民根据它一日三次更换衣服的颜色变化来安排农事以及日常生活。

黎明前，怪石穿着一件巨大的黑色睡袍，安详地躺在那广袤无垠的大地之中，一副朦胧惺忪的模样。日出时，怪石穿上了浅红色的外衣，一副少女出水芙蓉般的娇媚；到了正午，怪石则穿上了橙色夏装，一副朝气蓬勃、火辣辣的强悍；傍晚夕阳西下，怪石则又穿上了深红或酱紫色的秋装，一副千锤百炼、如火燎原的成熟；夜幕降临前，怪石则又穿上了黄褐色的晚礼服，一副高贵显赫的端庄；夜幕降临后，怪石则脱掉了所有的时装，与大地融合在了一起，一副休闲懒散的模样。

怪石除了随太阳光强度不同而改变外衣颜色外，还特别"爱美"，它还会随着太阳光照射角度的变化而变幻"造型"：时而像一条巨大的、悠然漫游于大海之中的鲨鱼的背鳍；时而像一艘半浮在海面上乌黑发亮的潜艇；时而像一位穿着青衣、斜卧在洁白软床上的巨人……

怪石为何会报时呢？

为了解释怪石"报时"的现象，许多考古学家和地质学家对怪石所处的气候条件、地理环境进行了详细考察，并对怪石的结构成分等进行了深入研究。一些科学家试图这样解释怪石产生的"怪现象"：怪石之所以会变色是由于怪石处在平坦的沙漠，天空终日晴朗无云，空气稀薄，而怪石的表面比较光滑，表面类似于镜子，能较强反射太阳光，因而能把清晨到傍晚天空中颜色的变化都呈现在其表面。

怪石变幻其"造型"则是由于太阳光在不同的气候条件下活动而产生反射、折射的数量及角度的不同，从而使射入到人眼里的光线产生一种幻形，也就产生了不同造型的怪石。

"报时"怪石是自然界最让人迷惑和印象最深刻的自然现象之一，其背后的确切形成原因还是个谜，解开怪石"报时"之谜，这里肯定有很多东西可探究。

📏 知识点

怪石不仅会"报时"，还可以反映天气变化。风雨前后，怪石则又披上了银灰或近于黑色的大衣，一副深沉、宁静、刚毅木讷的厚重。万一遇到狂风大作、雷电交加、山雨欲来风满楼时，那就毫无办法攀登怪石和观赏她那变幻多端的色彩了，取而代之的则是另一番壮观景色——我们可以尽情地观赏壮观瀑布中的怪石。风雨中，怪石则又换上了硕大的黑色蓑衣，迎接着暴风雨的考验，大雨过后，无数条瀑布从蓑衣上急淌直下，一派千条江河归大海的壮观景象。偶尔风雨过后，彩虹高悬天边，又好似给怪石镶嵌上了一条巨型的五彩发带。总之，很难用语言把怪石变幻多端的色彩描绘得淋漓尽致、惟妙惟肖。

延伸阅读

由于艾尔斯石恰好位于澳大利亚的中心，当地土著人便认定这块巨石是澳大利亚的灵魂，艾尔斯石上许多奇特的洞穴里，留存有土著人留下的古老绘画和岩雕，线条分明，圈点众多，描绘着"梦幻时代"的传奇故事和神话传说。一直以来，艾尔斯石是西部沙漠地区土著人宗教、文化、土地和经济关系的焦点，是他们心中的"圣石"，许多部落的土著人都在这里举行成年仪式和祭祀活动等。

●神秘的怪石圈

北极怪石圈

在北冰洋周围一些平坦的低洼地区，人们常能看到一种奇怪的石环。这是由石块堆垒成的圆形或是多边形的环状石圈。石环的直径大的可以达到上百米，小的仅有几十厘米。有些石环彼此连接，形成

北极怪石圈

"连环套"。石圈里还有清浅的积水，成为一个个小池塘，看起来就像是海边的那畦畦的晒盐池。

在寒冷荒凉、杳无人烟的北极地区，垒砌这么多石圈做什么？

奇怪的石圈或石头形成的长线对外星人来说，也许像导航标志。但科学家们认为，这完全是大自然鬼斧神工的作品而已。

怪圈的形成

北冰洋长年被冰层覆盖着，它的周围陆地有相当大的一部分也在北极圈里面。气温非常的低，土层冻结深达几十米，甚至是几百米，多年都不会融化，这叫做永久冻土层。在北极地区有短暂的夏季。冻土层上面的一薄层就会融化，天一冷就会再次冻结。这一层叫做冻融层。石环就是这冻融层制造出来的。水结冰时候体积要膨胀增大，冻融层里面的水结冰了，自然也会产生压力；向下是坚硬的永冻土，四周又是厚厚的土层，这个压力就只能指向地面了。这样一来，就把混在土层中的石块向上顶出。

而夏季土层融化的时候，石块是不会自己向土层里面钻的。时间长了，不少石块就会被顶出地面。地面有了石头以后，土层再次冻结被顶得凸出来的时候，地面上的石头就会向四周滚去，形成一个个石环。由于地面起伏的状况不同，所以形成的石环大小、形状也不相同，这样就构成了各种美丽的图案，当江水汇流到这些低洼的地方的时候，就变成了一个个小水池。

知识点

在吐鲁番地区鄯善县连木沁镇10多千米的戈壁滩上，也有神秘的"怪石圈"。这里的"怪石圈"有大有小、有圆有方，有的为"口"字形串联状，有的为方形与圆形石圈混合摆置。其中一个被称为"太阳圈"的巨型石圈由4个同心圆组成，最大外圆直径约8米，最小的内圈已被破坏。在"太阳圈"的东南部，分布着大面积的石圈。奇怪的是，这些"怪石圈"所用的石头在附近的戈壁滩很难找到。这片神秘"怪石圈"的形成及历史至今是个谜。

延伸阅读

晒盐池

晒盐池一般分成两部分：蒸发池和结晶池。先将海水引入蒸发池，经日晒蒸发水分到一定程度时，再倒入结晶池，继续日晒，海水就会成为食盐的饱和溶液，再晒就会逐渐析出食盐来。这时得到的晶体就是我们常见的粗盐。剩余的液体称为母液，可从中提取多种化工原料。

●开出石花的石头 ------------------------------

脚下"石花"遍地"开"

都安瑶族自治县的几座山上，石头会开花！不久前，网上贴出石头开花的照片。照片中，坚硬的石头开出了一朵朵有花瓣的石头花。此报料引起了人们的极大兴趣，大家议论纷纷。由于石花与真花非常相似，有人怀疑照片经过后期处理，是"假报料"。

人们来到所谓的开花的石头所在的山脚下的红渡村，村旁青山连绵起伏。在半山腰，就看到了所谓的石花，眼前的"石花"就像天上的星星，镶嵌在这半山腰的石头上。可惜这里的石花数量虽多但个头儿却小，每朵"花"直径只有2厘米左右。走到一处悬崖峭壁的边缘，踩在怪石嶙峋的石头上，就会发现"石花"真的就盛开在脚下。石头上开出的花朵栩栩如生，比半山腰上的更大、更多、更漂亮：有的含苞欲放，有的争奇斗妍，而有的已残败凋零，令人叹为观止。大的花直径有六七厘米，小的只有两三厘米，花瓣多为褐色，由外向内，颜色逐渐变浅。有些"石花"的花心已呈白色，在阳光照射下会有轻度反光。

"石花"的分布并不均匀，在山坳几十平方米的范围内分布较集中，旁边峭壁上也有少数分布。据当地的村民称，另外几座山上也有"石花"盛开。有人曾经试图把这些石花的花瓣掰下来，但石花与石头融为一体，花瓣有如石头般坚硬，无法"采摘"。

"石花"也有"花期"

石头开花不仅确有其事，更神奇的是，石花还有"花期"。也就是说，石花就像真花一样，每隔一段时间就盛开一次，间隔的时间有可能是几年，也有可能是几十年。在桂林的一些山上开的石花，就是"十年一期"。

千百年来，贵州三都县有一座山崖能不停地"生"出石蛋来，而且每隔30年，石蛋就会从山崖上"生"出，滚落在地。当地村民都以能拥有这样的石蛋为荣，认为它能使这个家庭人畜兴旺、衣食无忧。都安的"石花"，是否也像贵州石蛋一样，有成长期呢？如果存在成长期，那花开花谢，间隔时间又是多长？

知识点

据专家所说，这些"石花"形成于2.6亿～3亿年前，那么它们有没有花期呢？其实"花期"只是一种美化的说法。所谓的花开花谢，应该是岩石风化脱落的结果。而"花期"究竟有多长，与岩石抗风化程度有关，而风化程度与岩石的性质及所处的外部环境有关。

延伸阅读

二叠纪

是古生代的最后一个纪，也是重要的成煤期。二叠纪开始于距今约2.95亿年，延至2.5亿年，共经历了4500万年。二叠纪的地壳运动比较活跃，古板块间的相对运动加剧，世界范围内的许多地槽封闭并陆续地形成褶皱山系，古板块间逐渐拼接形成联合古大陆（泛大陆）。陆地面积的进一步扩大，海洋范围的缩小，自然地理环境的变化，促进了生物界的重要演化，预示着生物发展史上一个新时期的到来。

神秘的峡谷

人类自以为踏遍了地球的每一个角落，却依然无法完全打开大自然的胸怀。这里没有佛殿庙宇、陵寝墓地、高楼大厦等人类文明的痕迹，但却保存着大自然初始的面庞，最有大自然的气息。无论是兼人间之奇景的峡湾，还是蕴万古之灵气的峡谷，或是集天地之精华的谷地，都是大自然的秘密花园。

黄石峡谷有光怪陆离、五光十色的风化火山岩，峡壁上交织着白、黄、绿、朱红等颜色；科罗拉多大峡谷色彩斑斓、峭壁险峻，保留着原始的洪荒；雅鲁藏布大峡谷的高、壮、深、润、幽、长、险、低、奇、秀；布莱斯峡谷以奇形怪状的风化岩石著称，特别是褐岩红石更加引人注目；而布满纳瓦霍砂岩的羚羊峡谷是北美最美的峡谷；锡安峡谷被称为红色奇迹；纪念谷的奇丘异石在沙漠中矗立；东非大裂谷的震撼，无雪干谷的奇迹，以及死谷的人间地狱，这些无不刺激着人们的眼球和神经。

●黄石大峡谷 ————————————————————

美国的第一国家公园

黄石国家公园占地9000多平方千米，自然景观丰富多样，峡谷、瀑布、湖泊、间歇泉和温泉，还有丰富的野生动物，如灰熊、狼、麋鹿和野牛等。黄石公园建于1872年，是美国的第一个国家公园。

1万多年前，黄石公园原是印第安人的狩猎区，公元1807年，随着刘易斯与克拉克探险队的远征及第一位进入黄石公园的白人约翰·寇特的探勘，黄石公园才得以呈现在世人面前。当寇特向他的朋友描述自己看到的黄石地热

奇观，却没有人相信他，并被戏称
为"寇特地狱"，这个名称后来也
被用来称呼黄石公园。

黄石公园的形成

黄石公园是一个风景迷人的地
方，6000万年以来，黄石地区多次发

黄石公园

生的火山爆发，构成了现在海拔2000多米的熔岩高原，加上3次冰川运动，留
下了山谷、瀑布、湖泊以及成群的温泉和喷泉。大自然用水、火、冰、风在这
里精雕细琢，东、西、北三面，山峰起伏崎岖，山山之间有峡谷，道路坎坷，
山岩嶙峋；河、湖、溪、泉、塘，大小瀑布，应有尽有，它们有的从云端直泻
而下，有的自山谷奔流而出，有的从地下涌现。黄石国家公园还是动物的天
堂，各种各样的野生动物都聚集在这里，是美国最大的野生动物庇护所。

黄石大峡谷美景

黄石公园中多峡谷景观，尤以黄石峡谷最著名。谷长40千米，深400米，
宽500米，如科罗拉多大峡谷一样为北美最著名的峡谷之一。黄石大峡谷是由
黄石河冲蚀被地热腐蚀的火山岩形成。大约在1.4万~1.8万年前，大峡谷又连
接经历了3次冰川的侵蚀，逐渐形成这种典型的V形（river-eroded）峡谷。

黄石大峡谷大约在1万年前才形成现在的模样，可以说它还是相当年轻。

黄石大峡谷引人入胜之处，不仅是峡谷的幽深曲折和汹涌奔流的河水瀑
布，还有光怪陆离、五光十色的风化火山岩。峡壁上交织着白、黄、绿、朱
红等颜色，在阳光下闪烁着耀眼的光泽，璀璨夺目。高高的岩壁，看上去像
用油彩涂成，但毫无顾忌地暴露在日晒雨淋之中，颜色依然是那样鲜艳，既
不会被激流冲刷而去，也不会因风吹日晒而褪色。站在峡谷边上向下望，波

光粼粼的黄石河仿佛一条绿色巨龙在色彩斑斓的壁画中游弋。

其中一种名叫黑曜岩构成的悬崖，则如一面玻璃墙镶嵌在半空中。"玻璃悬崖"被日光照耀时，熠熠闪烁，光彩夺目。峡谷中还可见亿万年的森林——"石化森林"奇景。

峡谷中亿万年的森林

黄石公园总面积的85%都覆盖着森林。绝大部分树木是扭叶松，这是生命力极强的一种树木，另一种分布广泛的树种是龙胆松。这里的云杉和亚高山银杉秀丽多姿，令人瞩目。它们有高高的塔状树身，繁茂的树冠生机盎然、光彩照人。这两种树木广泛地分布在美国西部地区，攀缘着每一座高山。

黄石公园是世界上最原始最古老的国家公园。根据1872年3月1日的美国国会法案，黄石公园"为了人民的利益被批准成为公众的公园及娱乐场所"，同时也是"为了使它所有的树木，矿石的沉积物、自然奇观和风景，以及其他景物都保持现有的自然状态而免于破坏"。

知识点

黄石公园位于美国西部爱达荷、蒙大拿、怀俄明三个州交界的北落基山之间的熔岩高原上，绝大部分在怀俄明的西北部。海拔最高处达2438米，面积8956平方千米。它建成于1872年，美国国会通过了成立黄石公园自然及野生动物保护区法案，公园的名称Minnetaree是从印第安人的文字mitsia-ad-zi由来的，而mitsia-ad-zi本身就是黄石河的意思。

延伸阅读

龙胆松有着极强的适应能力，而且成长速度极快，能在各种各样的气候土壤条件下生长。在经常发生山火的最危险的山坡上，它们也千姿百态、郁郁葱葱。

在落基山脉，几乎每个夏季，都有数千平方千米的龙胆松被火灾吞没，但"野火烧不尽，春风吹又生"，新的生命在灰烬中迅速崛起。

●雅鲁藏布大峡谷 --------------------------------

世界第一大峡谷

在青藏高原上，有一条白色巨龙般的大河，奔流于"世界屋脊"的南部，这就是著名的雅鲁藏布江。它从雪山冰峰间流出，奔向藏南谷地，造就了沿江奇绝秀丽的景致。在雅鲁藏布江的下游，从米林县的大渡卡村到墨脱具巴昔卡村，以连续的峡谷绕过南迦巴瓦峰，这就是著名的雅鲁藏布大峡谷。

雅鲁藏布大峡谷北起我国米林县的大渡卡村，南到墨脱县巴昔卡村，雅鲁藏布大峡谷长504.9千米，平均深度5000米，最深处达6009米，是世界第一大峡谷。从空中或从西兴拉等山口鸟瞰大峡谷，在东喜马拉雅山无数雪峰和碧绿的群山之中，雅鲁藏布江硬是切出一条笔陡的峡谷，穿越高山屏障，围绕南迦巴瓦峰作奇特的大拐弯，南泻注入印度洋，其壮丽奇特无与伦比。

整个大峡谷地区异常湿润，布满了郁密的森林，地势险峻、交通不便、人烟稀少，而且许多河段根本没有人烟，加上大峡谷云遮雾罩、神秘莫测，所以环境特别幽静。在扎曲村旁不到300米远的悬崖上就可以清楚地看见雅鲁藏布江自西滚滚而来，绕过对面的多布拉雄山后转向南狂奔而去，整个形状呈一个大"U"字形的大拐弯。

高、壮、深、润、幽、长、险、低、奇、秀的大峡谷

雅鲁藏布大峡谷历来以它的雄伟峻险和奇特的转折而闻名于世。雅鲁藏布江就像深嵌在巨斧劈开的狭缝里一样。谷底是呼啸奔腾的急流，河床滩礁棋布、乱石嵯峨。像这类峡谷一个接着一个，组成了雅鲁藏布大峡谷，峡谷两

侧山坡是森林密布，满坡漫绿，看来又是那么幽深秀丽。它那连绵的峰峦和不尽的急流相结合，构成一幅壮丽动人的画面。雅鲁藏布大峡谷的基本特点可以用10个字来概括：高、壮、深、润、幽、长、险、低、奇、秀。

高：雅鲁藏布大峡谷两侧，壁立高耸的南迦巴瓦峰（海拔7782米）和加拉白峰（海拔7234米），其山峰皆为强烈上升断块，巍峨挺拔，直入云端。峰岭上冰川悬垂，云雾缭绕，气象万千。

壮：从空中或从西兴拉等山口鸟瞰大峡谷，在东喜马拉雅山无数雪峰和碧绿的群山之中，雅鲁藏布江硬是切出一条笔陡的峡谷，穿越高山屏障。而从力度来看，数百米的飞瀑，16米/秒的流速，4425立方米/秒的流量，其力度甚为壮观。

深：在南迦巴瓦峰与加拉白垒间的雅鲁藏布大峡谷最深处达5382米，围绕南迦巴瓦峰核心河段，平均深度也有5000米左右，其深度远远超过深2133米的科罗拉多大峡谷，深3200米的科尔卡大峡谷和深4403米的喀利根德格大峡谷。

润：雅鲁藏布大峡谷是青藏高原上最大的水汽通道，受印度洋暖湿气流的影响，大峡谷南段年降水量高达4000毫米，北段也在1500～2000毫米之间，故整个大峡谷地区异常湿润，布满了郁密的森林，形成了世界上生物物种最丰富的峡谷。它与发育着荒漠植被的干旱的科尔卡大峡谷、与发育着单一松林的比较干旱的科罗拉多大峡谷都是不同的。

幽：雅鲁藏布大峡谷林木茂盛。由于地势险峻、交通不便、人烟稀少，而且许多河段根本没有人烟，加上大峡谷云遮雾罩、

雅鲁藏布大峡谷

神秘莫测，所以环境特别幽静。这也是上述三个大峡谷所无法比拟的。

长：雅鲁藏布大峡谷以连续的峡谷绕过南迦巴瓦峰，长达496.3千米，比号称世界"最长"的大峡谷——科罗拉多大峡谷还长56千米。

险：雅鲁藏布大峡谷中许多河段两岸岩石壁立，根本无法通行，所以至今还无人全程徒步穿越峡谷。相比其他大峡谷，谷中都有道路相通。雅鲁藏布大峡谷河段，河水平均流量达4425立方米/秒，远远超过67立方米/秒的科罗拉多河和另外两条河流，水流湍急，至今未有人能漂流雅鲁藏布大峡谷，其水流的险恶程度也远在诸峡谷之上。

低：系指雅鲁藏布大峡谷最低处的巴昔卡，海拔仅有155米，几乎是所有大峡谷中的最低点。

奇：雅鲁藏布大峡谷最为奇特的是它在东喜马拉雅山脉尾闾，由东西走向突然南折，沿东喜马拉雅山脉南斜面夺路而下，注入印度洋，形成世界上最为奇特的马蹄形的大拐弯。它不仅在地貌景观上异常奇特，而且又成为世界上具有独特水汽通道作用的大峡谷，造就了青藏高原东南缘奇特的森林生态系统景观。

秀：整个大峡谷的自然景观可以用"雅鲁藏布大峡谷秀甲天下"来概括。就广度而论，大峡谷是山秀、水秀、树秀、草秀、云秀、雾秀、兽秀、鸟秀、蝶秀、鱼秀，等等；再如大峡谷之山，从遍布热带季风区植被的低山一直到高入云天的皑皑雪山无一不秀；茫茫的林海及耸入云端的雪峰给人秀丽的感受更如神来之笔。生于斯长于斯的众多生灵，更以其独特的形体和生命的活力迸发出秀丽的光彩。

在第四纪中，这里的山地发生过多次冰川运动，遗留下完整的古冰川。雅鲁藏布大峡谷整个峡谷地区冰川、绝壁、陡坡、泥石流和巨浪滔天的大河交错在一起，环境十分恶劣。许多地区至今仍无人涉足，堪称"地球上最后的秘境"，是地质工作少有的空白区之一。

✏️ 知识点

雅鲁藏布大峡谷地区是西藏自治区生物资源最为丰富的地方。这里林区面积广、森林资源丰富，仅次于中国东北和西南两个林区，居全国第三位。地区维管束植物有3500余种，其中有利用价值的经济植物不下千种，具体可分为：药用植物、油料植物、纤维植物等。特别要提到的是高山杜鹃，因为大峡谷的高山灌丛主要由常绿杜鹃组成。这一区域内有154种杜鹃，占世界杜鹃总种数的26%。

📚 延伸阅读

关于大拐弯还有一个有趣的故事，传说位于西部阿里的神山冈仁波钦雪山有四个子女，分别是雅鲁藏布江（马泉河）、狮泉河、象泉河和孔雀河。四兄妹相约分头出发在印度洋相会，雅鲁藏布江在绕过历经艰险后来到了工布地区，受一只小鹞子的欺骗，以为三个兄妹早已比他先到了印度洋，于是匆忙中从南迦巴瓦峰脚下掉头南奔，一路的高山陡崖都不能挡住他的脚步，为早日与兄妹们相会，哪里地势陡峭险峻他就从哪里跳下，最终形成了这条深嵌在千山万谷中的雅鲁藏布大峡谷。

● 布莱斯峡谷 ————————————————————————

褐岩红石布莱斯峡谷

布莱斯峡谷国家公园是位于美国犹他州西南部，隐居在广阔的科罗拉多高原之中，与举世闻名的科罗拉多大峡谷相比，布莱斯峡谷的名气逊色了不少，即使和周围的几个大峡谷比较，布莱斯峡谷的规模和气势都处于下风，但布莱斯峡谷独一无二的风貌足以让其跻身美国国家公园的荣耀榜之列。它以奇形怪状的风化岩石著称，特别是褐岩红石更加引人注目。冬季的布莱斯峡谷别具一格，红石、白雪、蓝天、翠柏，色彩斑斓，风姿楚楚。

目前所看到的风化岩石经过了近亿年的演化，热胀冷缩使得岩石剥离破碎，风暴雨雪风化了岩石的外表。再坚硬的岩石也经不起长期持久的慢性摧残，经过风化侵蚀，褐岩红石演变得千疮百孔，头重脚轻，奇形怪状，竟然展现出一种罕见的残颜落相之美。大自然的美丽震撼人心，催人泪下，叙述了美的涵义。为了一展褐岩红石的娇容，游客参照天气预报，安排行程可以捕捉夕阳红霞，利用暖光柔影的神功奇效把大自然的美丽带给人间。

巨大自然露天剧场

而沿着庞沙冈特高原东面，有侵蚀而成的巨大自然露天剧场。其独特的地理结构称为岩柱（hoodoos），由风、河流里的水与冰侵蚀和湖床的沉积岩组成。岩柱可高达200英尺（60米），一系列的露天剧场在公园内延绵超过20英里（30千米）。其中最大的为布莱斯露天剧场，长12英里（19千米），阔3英里（5千米）与深800英尺（240米）。

最高的彩虹点

其最高点为彩虹点，高9105英尺（2775米），为该风景走廊的尽处。在该点，宝瓶星座高原（AquariusPlateau）、布莱斯露天剧场、亨利山脉、赤岩断崖、白岩断崖皆可看到。科普峡谷，其位于公园的东北角，为公园的出路，并且是公园的最低点，高约6600英尺（2011米）。

自然景观"万神殿"

位于峡谷内的红色、橙色与白色的岩石形成了奇特的自然景观，因此其被誉为天然石俑的殿堂。1875年，一个名叫布莱斯的人修建了一条通向这个橙色峡谷的道路后，越来越多的人慕名前往，而人们给这里取了一个好听而又神圣的名字——万神殿。

"大自然的兵马俑"

登上布莱斯公园的观景台，这是一片红色的石林，说红色恐怕不确切，实际上这里那些高高低低的石峰的颜色以粉红居多，另外还有红褐、橘红、乳黄、粉白等多种。它们聚集在广阔的峡谷里，秀丽、挺拔，各具魅力，从眼前一直密密麻麻地排列到天边。当地的印第安人把这些石柱叫做护都，传说是由众神凝固而成，因此将布莱斯峡谷奉为圣地。

而中国来的旅行者则称之为"大自然的兵马俑"。想想山谷里的大片石林，俨然就是大自然的兵马俑列队站在了神的阅兵场。刚刚下过雪，满坑满谷的兵士很多头上都戴上了雪白的帽子，更显出一番迷人的美丽景象。

布莱斯峡谷非真正的峡谷

布莱斯峡谷其名字虽有峡谷一词，但其并非真正的峡谷。所谓峡谷，就是由水流冲刷而形成的低凹地带，比如中国的雅鲁藏布大峡谷。有的峡谷由于人为或者地质运动而不见流水踪影，但究其缔造者，流水是也。所以从峡谷的地质定义上看，布莱斯峡谷并不是真正意义上的峡谷，那么究竟是谁有这般鬼斧神工的造诣呢？答案是冰。

由于地形和海拔的原因，布莱斯峡谷每年的低温天气长达200多天，在这漫长的冬季里，雪紧紧覆盖在峡谷表面，白天气温偏高，部分的雪转化为液态水；夜晚气温急剧下降，液态水凝固成了冰，这个过程伴随着体积膨胀，山石就在冰膨胀而产生的剪切力下一点一点地被腐蚀，最终土崩瓦解。

上天赐予了冰无限的创造力和智慧，冰就像身怀绝技的能工巧匠，极富想象地在大山上凿出了天国众神的雕像。在这U形的山谷里，众神正襟危坐，面朝对面平缓的山坡，山坡上错落有致地竖着形态各异的石头，这些石头像是舞台上的背景道具，而众神们仿佛正在欣赏舞台上美轮美奂的表演，他们看得如痴如醉，竟然不发出一丁点儿声响。

　　布莱斯峡谷岩石的神奇景象源自千百万年前的地质演化。人类的生存和演化顶多不过10万年，在地质时间的尺度面前的确是光阴似箭，可以忽略不计。人类必须尊重自然，保护自然。人定胜天导致环境污染、全球暖化。人类的过度膨胀必将耗尽自然资源，作茧自缚。再过10万年，地球仍然将一如既往不断演化，而人类会不会在地球上绝种呢？

知识点

　　"露天大剧场"即布莱斯点，据说是观看日出的绝佳之地。阳光日影下，数不尽的红色岩柱，浩浩荡荡，大气磅礴。天成的秦俑坑、地造的罗汉阵、杰出的雕塑馆、非凡的建筑展，"露天大剧场"的名字果然名不虚传。

延伸阅读

雅鲁藏布大峡谷

　　这是地球上最深的峡谷。大峡谷核心无人区河段的峡谷河床上有罕见的四处大瀑布群，其中一些主体瀑布落差都在30～50米。峡谷具有从高山冰雪带到低河谷热带季雨林等9个垂直自然带，麇集了多种生物资源，包括青藏高原已知高等植物种类的2/3，已知哺乳动物的1/2，已知昆虫的4/5，以及中国已知大型真菌的3/5，堪称世界之最。

●科罗拉多大峡谷

"峡谷之王"

　　科罗拉多大峡谷可以说是现代文明不断征服大自然的同时，一路遗留下的如此壮丽的原始洪荒。用语言描绘大峡谷是十分困难的，也许只有亲临大峡谷后，用心灵去感知它的庄严、静穆和深邃，领略造物主赋予大峡谷的瞬息变幻和亿万年的寂寥。

据地理学家考证，大峡谷已走过600万年的历史，是大自然在地球上的杰作，辉煌与壮丽远非一般自然景色可比，美国人以此为骄傲与自豪。

大峡谷位于美国亚利桑那州西北部的科罗拉多高原上，是科罗拉多河经过数百万年的冲蚀而形成，峡谷色彩斑斓，峭壁险峻。在许多非权威版本的世界七大自然奇观列表上都有大峡谷的名字。大峡谷总长446千米，平均深度有1600米，宽度从500米至2.9千米不等。科罗拉多高原抬升时，科罗拉多河及其支流长期冲刷，不舍昼夜地向前奔流，有时开山劈道，有时让路回流，在主流与支流的上游就已刻凿出黑峡谷、峡谷地、格伦峡谷、布鲁斯峡谷等19个峡谷，而最后流经亚利桑那州多岩的凯巴布高原时，更出现惊人之笔，形成了这个大峡谷奇观，而成为这条水系所有峡谷中的"峡谷之王"。

峡谷的形成

亿万年来，奔腾的科罗拉多河从美国西部亚利桑那州北部的堪帕布高原中，切割出这令人震撼的奇迹——科罗拉多大峡谷，只要登高远望，就可以清楚看到坦如桌面的高原上的一道大裂痕，那就是科罗拉多河在这片洪荒大地上留下的印记。

在由板块活动引起的造山运动以及地壳隆起的共同作用下，沉积岩被抬高上千米，从而形成了科罗拉多高原。海拔的升高也导致了科罗拉多河流域降雨量的增加，但并未足以改变大峡谷地区半干旱的气候。随后的山体滑坡及其他块体移动又造成了河流的侵蚀，这些因素都倾向于加深、扩展干旱环境中的峡谷。

地壳隆起并不均匀，这就导致大峡谷的北岸比南岸高出300多米，并且科罗拉多河与南岸更靠近些。北岸高地降水量相对较高，其几乎所有径流都流向大峡谷中；而南岸高地的径流则顺着地势向着背离峡谷的方向流去。这就

加剧了峡谷的侵蚀，使科罗拉多河北岸的峡谷及其分支更快地拓宽。

大峡谷的红色巨岩

大峡谷两岸都是红色的巨岩断层，大自然用鬼斧神工的创造力镂刻得岩层嶙峋、层峦叠嶂，夹着一条深不见底的巨谷，彰显出无比的苍劲壮丽。更为奇特的是，这里的土壤虽然大都是褐色，但当它沐浴在阳光中时，在阳光照耀下，依太阳光线的强弱，岩石的色彩则时而是深蓝色，时而是棕色，时而又是赤色，总是扑朔迷离而变幻无穷，彰显出大自然的斑斓诡异。这时的大峡谷，宛若仙境般五彩缤纷、苍茫迷幻，迷人的景色令人留连忘返。峡谷的色彩与结构，特别是那气势磅礴的魅力，是任何雕塑家和画家都无法描摹的。

景色奇异大峡谷

峡谷两壁及谷底气候、景观有很大不同：南壁干暖，植物稀少；北壁高于南壁，气候寒湿，林木苍翠；谷底则干热，呈一派荒漠景观。蜿蜒于谷底的科罗拉多河曲折幽深，整个大峡谷地段的河床比降为每千米1.5米，是密西西比河的25倍。其中50%的比降还很集中，这就造成了峡谷中部地段河水激流奔腾的景观。正因为如此，沿峡谷航行漂流就成为引人入胜的探险活动。

大峡谷不仅景色奇异，而且野生动物十分繁富。有200多种鸟禽，60种哺乳动物和15种爬行动物和两栖动物在此生息，在谷底的法顿牧场和相离90余千米，高约3500

科罗拉多大峡谷

米的圣弗朗西斯科峰之间的地段，既是亚热带植物，也是寒带植物的生长区。所以，这里仙人掌、罂粟、云杉、冷杉等植物几乎是在同一地区内共生。

知识点

科罗拉多大峡谷的天然奇景之为人所知，应归于美国独臂炮兵少校鲍威尔的宣传。他于1869年率领一支远征队，乘小船从未经勘探的科罗拉多河上游一直航行到大峡谷谷底，他将一路上惊险万状的经历，写成游记，广为流传，从而引起美国朝野的注意，于1919年建立了大峡谷国家公园。

延伸阅读

科罗拉多高原是美国唯一的一个沙漠高原，位于美国西南部，面积30多万平方千米。东起科罗拉多州和新墨西哥州的西部，西迄内华达州的南部，科罗拉多河贯穿整个高原。经科罗拉多河及其支流的冲蚀，科罗拉多高原形成多条深邃的峡谷。

● 羚羊峡谷

时刻变化的石头城

亚利桑那州佩奇城附近的羚羊峡谷是北美最美丽的峡谷，它幽深、距离不长，但沿着山势深切地下，分为两个独立的部分：上羚羊峡谷和下羚羊峡谷。这里的地质构造是著名的纳瓦霍砂岩，谷内岩石被山洪冲刷得宛如梦幻世界，是游客们的"地下天堂"。

羚羊峡谷是北美印第安人最大部落纳瓦霍人的属地。这里过去是野羚羊的栖息处，因峡谷里常有野羚羊出没而得名。峡谷总长400多米，谷顶两侧的距离很窄，但由谷顶到谷底的垂直距离却高达十数米。狭缝型峡谷分为两个

独立的部分，也就是上、下羚羊峡谷。光线完全是自然光通过不同深度的红色岩层缝隙的折射射入洞内的，因此光线时刻在变化，一年四季，甚至每天不同的时间，不同的角度看到的色彩都不同，置身其中，真似进入了一个五彩缤纷魔幻世界，令人终身难忘。羚羊峡谷可以说是时刻变化的石头城。

羚羊峡谷的形成

羚羊峡谷如同其他狭缝型峡谷一样，是柔软的砂岩经过百万年的各种侵蚀力所形成。主要是暴洪的侵蚀，其次则是风蚀。该地在季风季节里常出现暴洪流入峡谷中，由于突然暴增的雨量，造成暴洪的流速相当快，加上狭窄通道将河道缩小，因此垂直侵蚀力也相对变大，形成了羚羊峡谷底部的走廊，以及谷壁上坚硬光滑、如同流水般的边缘。

大峡谷的形成并不仅靠科罗拉多河的水流。高原暴雨导致的山洪暴发，才是地表切割最主要的力量。越是干旱的荒山，一旦暴雨，山洪暴发的力量就越是惊人。极度干燥坚硬的地表吸水性很差，降雨顺地势冲刷，如果地表有些许裂隙，湍急的水流和携带着一路冲下的砂石几乎无坚不摧。就这样日复一日，年复一年，峡谷里红色的细沙湿了干，干了湿，冲走了再填，填满了再冲。日积月累了数百万年，最终将沙岩凿成今天这样流水般的形状。

走进狭窄的峡谷走廊，脚踏松软的红沙，顶上就是一线天。红色的岩壁被水冲蚀出清晰的条纹，水洗般平滑。在明暗光线的作用下，斑斓奇幻。大自然是奇妙的，冷硬的岩石在光、水、风的作用下也演绎出万般温柔。

"有水通过的岩石"

上羚羊峡谷在纳瓦霍语中称为"Tsebighanilini"，意思是"有水通过的岩石"。由于谷地较广，且位于地面上，所以是游客最多的部分。峡谷里的很多岩石都根据形状被印第安人所命名，如亚伯拉罕·林肯、大脚丫子、纪念碑谷落日、自由钟、黑熊，等等。

要进入上羚羊峡谷，由于地形限制，在入口处必须停车步行在沙地上约2英里，过去保护区允许私人的四轮传动车进入，现在所有的游客都必须搭乘保护区的大型四轮传动车，而且也取消了步行的许可，以免游客在烈日下步行发生意外。上羚羊峡谷的入口不是很明显，远远看去只有一条很细的裂缝，进入峡谷后，某些地方可能相当阴暗，没有光线直射到地面上，岩壁高耸约有20米，总长约150米，摄影师进入此区通常需备有三脚架和闪光灯，由于游客众多，想要拍到一束日光射入和无人的景观，需要一些耐心。

"拱状的螺旋岩石"

下羚羊峡谷在纳瓦霍语中称为"Hasdeztwazi"，意思是"拱状的螺旋岩石"，整年中约有9个月不会开放。

位于地底下，需要爬金属梯深入地底，中途还可能需要靠一些绳索才能走完下羚羊峡谷，由于其进入的难度比较高，游客较少。但摄影师较常在这边取景。入口仅有一人宽，与地面同高，远看无法辨识。进入后急降约50米，总长非常的长，一般游客只被允许走到中途点。下羚羊峡谷的谷地变化较多，某些通道不足人高，游客可能会碰撞到头部。

🖋️知识点

现在羚羊峡谷是纳瓦荷原住民保留区内的主要观光收入来源，来访的除了观光客外，还有世界各地慕名而来的摄影玩家，在此峡谷中要拍出良好的摄影作品相当困难，由于光线只从峡谷上缘进入且谷壁表面不平整，造成许多反光，摄影光圈相当不容易调整（通常需加大到10EV以上），有时细心调整所拍摄出来的作品，可能还不如随手捕捉的光影迷人。

延伸阅读

纳瓦霍人

美国印第安居民集团中人数最多的一支，20世纪晚期约有17万人。散居于新墨西哥州西北部、亚利桑那州东北部及犹他州东南部。纳瓦霍人操一种纳瓦霍语，该语属阿萨巴斯卡语（Athabascan）系。

●锡安山红峡谷

锡安国家公园

锡安国家公园的前身单指锡安峡谷，长期以来人们称这一峡谷为"非锡安峡谷"。1909年，威廉·塔夫脱总统宣布它为"国家纪念地"，名字则取自派尤特印第安人的语言。1918年改称"锡安国家纪念地"，1919年，伍德罗·威尔逊总统正式宣布它为"锡安国家公园"。

现在的锡安国家公园，面积为6.07万公顷。公园里，有高大险峻的悬崖峭壁和峡谷，淙淙小溪的点缀，还有将近800种植物，75种哺乳类动物，271种鸟，32种爬虫和两栖类，以及8种鱼类。此外长耳鹿、金鹰、山狮和一些稀有物种也栖息于此地。

锡安国家公园以众多的峡谷著称，主要有两个峡谷，分别是南边的锡安峡谷（ZionCanyon）和北边的科罗布峡谷（KolobCanyons），科罗布峡谷部分在1937年被宣布为一个独立的锡安国家保护区，并在1956年合并至锡安国家公园。

锡安国家公园的许多峡谷藏匿深处，难以到达。峡谷或宽或窄，或深或浅。峡谷主要是由维尔京河（VirginRiver）切割而成。据估计，维尔京河每年从锡安国家公园带走的沉积物达300万吨。亿万年来，它锲而不舍，执著专一，流去时留下不灭的痕迹，流动中创造惊天的伟绩，峡谷越造越多，越造越深。

深谷巨岩——锡安峡谷风景区

锡安峡谷约有24千米长，宽不到1千米甚至不到1米。谷内有些地方，两人并肩站立可触及两侧谷壁。峡谷深达2000~3000米，谷壁陡直，几乎可与地面成垂直状态，险象环生，难以攀援，让人望而生畏。

红色与黄褐色的纳瓦霍砂岩（NavajoSandstone）被维尔京河（VirginRiver）北面支流所分割。其他著名特色有白色大宝座、棋盘山壁群、科罗布拱门、三圣父与维尔京河隘口。

谷中尤以岩石而著名，这里的岩石色彩绚烂，呈暗红、橘黄、淡紫、粉红各种颜色，在阳光的映衬下，流光溢彩，变幻无常。再加上周围的白杨、桦木和枫树的新绿，以及崖壁上的植被与地衣的嫩绿，经阳光照射，景色更加妩媚。锡安峡谷最著名的是称为"大白宝座"的孤峰，此峰高达427米，从峡谷谷底平地而起，巍然耸立，其岩石色彩颇有层次，底部为红色，向上逐渐变为淡红、白色。孤峰顶上，绿树葱茏，十分峭立，仿佛一根华美的玉柱，立于五彩缤纷的峡谷之中。

锡安山过去曾是摩门教拓荒者们的圣地，"锡安山"的意思即是"上帝的天城"。现在锡安山作为朝拜者圣地的形象，渐渐被人们淡忘，而作为人们娱乐的所在使之成为一座真正的"人间天堂"。

红色奇迹——科罗布峡谷地区

从科罗布峡谷观景点放眼望去，深谷重岩，压缩着千百万年的漫漫岁月，遍布着风刀水剑的累累斫痕：高峰峭壁，饱经严寒酷暑，见证地覆天翻。

科罗布峡谷山岩挺拔，周身血迹，就像刚从疆场厮杀归来的战士；深红的路，如丝如绸，飘向远方，勾出一片天地，撩起无穷遐想。

此外，科罗布峡谷里的科罗布拱门（KolobArch），横跨94.5米，为全世界最大的天然拱门。

📏知识点

　　按照《圣经·启示录》载，大白宝座是上帝的宝座，千禧年时，上帝在此对死者根据其生前的行为进行审判。1916年9月，犹他州奥格登市（Ogden）卫理公会（Methodist）的教士费雷德里克·瓦伊宁·费希尔（FrederickViningFisher）看到这块高出地面2400米的灰白巨石，十分震惊，称之为大白宝座。

📚延伸阅读

锡 安

　　《旧约·诗篇》写道："我们曾在巴比伦的河边坐下，一追想锡安就哭了。"锡安是主所赐予的名称，用来称呼那些一心一德、居于正义之中、没有任何贫苦者的人民。锡安也是地名，是古时候正义的人民聚集之地，而且有一天将再聚集于该地。

●东非大裂谷 ------------------------------

"地球表皮上的一条大伤痕"

　　从天空向下俯视，地面上有一条硕大无比的"刀痕"呈现在眼前，顿时让人产生一种惊异而神奇的感觉，这就是著名的"东非大裂谷"。大裂谷气势宏伟，景色壮观，是世界上最大的裂谷带，有人形象地将其称之为"地球表皮上的一条大伤痕"。

　　东非大裂谷是世界大陆上最大的断裂带，裂谷宽约几十至200千米，深达1000～2000米，谷壁如刀削斧劈一般。这条长度相当于地球周长1/6的大裂谷，从卫星照片上看去犹如一道巨大的伤疤。当乘飞机越过浩瀚的印度洋，进入东非大陆的赤道上空时，从舷窗向下俯视，就会看见这条硕大无比的"刀痕"，顿时让人产生一种惊异而神奇的感觉。

东非大裂谷

谷内大乾坤

东非大裂谷南起赞比西河的下游谷地，向北延伸到马拉维湖北部，并在此分为东西两条。东面的一条是主裂谷，穿越坦桑尼亚中部的埃亚西湖、纳特龙湖等，经肯尼亚北部的图尔卡纳湖以及埃塞俄比亚高原中部的阿巴亚湖、兹怀湖等，继续向北直抵红海和亚西湾。西面从飞机上看沿乞力马扎罗山雪峰，经坦噶尼喀湖、基伍湖、爱德华湖、艾尔伯特湖等一直到苏丹境内的白尼罗河，全长1700多千米。由于这条大裂谷在地理上已经实际超过东非的范围，一直延伸到死海地区，因此也有人将其称为"非洲—阿拉伯裂谷系"。

东非大平原是非洲地势最高的地方，气候温和凉爽，雨量充沛，山清水秀，物产丰富，盛产茶叶、咖啡、水果、除虫菊、俞麻等。在这里，咖啡豆一年可以采摘两次，茶叶一年内有9个多月可以每半个月采摘一次，除虫菊全年中可以每10～14天采摘一次，而俞麻成熟后天天可以收割。许多人在没有见到东非大裂谷之前，凭他们的想象认为，那里一定是一条狭长、黑暗、阴森、恐怖的断涧，其间荒草漫漫，怪石嶙峋，渺无人烟。其实，当来到裂谷之处，展现在眼前的完全是另外一番景象：远处，茂密的原始森林覆盖着连绵的群峰，山坡上长满了仙人球；近处，草原广袤，翠绿的灌木丛散落其间，野草青青，花香阵阵，草原深处的几处湖水波光粼粼，山水之间，白云飘荡；裂谷底部，平平整整，坦坦荡荡，牧草丰美，林木葱茏，生机盎然。

裂谷底部的湖泊

裂谷底部是一片开阔的原野，20多个狭长的湖泊，犹如一串串晶莹的蓝宝石，散落在谷地。中部的纳沙瓦湖和纳库鲁湖是鸟类等动物的栖息之地，也是很重要的游览区和野生动物保护区，其中的纳沙瓦湖湖面海拔1900米，是裂谷内最高的湖。南部马加迪湖产天然碱，是肯尼亚重要的矿产资源。

这些裂谷带的湖泊除了水色湛蓝，辽阔浩荡，千变万化，还是旅游观光的胜地，而且湖区水量丰富，湖滨土地肥沃，植被茂盛，野生动物众多，大象、河马、非洲狮、犀牛、羚羊、狐狼、红鹤、秃鹫等都在这里栖息。坦桑尼亚、肯尼亚等国政府，已将这些地方辟为野生动物园或者野生动物自然保护区，比如，位于肯尼亚峡谷省省会纳库鲁近郊的纳库鲁湖，是一个鸟类资源丰富的湖泊，共有鸟类400多种，是肯尼亚重点保护的国家公园。其中有一种叫做弗拉明哥的鸟，被称为世界上最漂亮的鸟，一般情况下，有5万多只火烈鸟聚集在湖区，最多时可达到15万多只。当成千上万只鸟儿在湖面上飞翔或者在湖畔栖息时，远远望去，一片红霞，十分好看。

纳沙瓦湖在肯尼亚首都内罗毕市西北方约90千米处，坐落在大裂谷之内。该湖由断层陷落而成，南北长20千米，东西宽13千米，最深处20米，湖面海拔1900米，是裂谷内最高的湖。纳沙瓦湖是肯尼亚最美的淡水湖之一，也是全肯尼亚唯一的淡水湖。湖边有大片纸莎草沼泽，湖畔设有"乡村俱乐部"。

关于大裂谷的形成

在1000多万年前，地壳的断裂作用出现了这一巨大的陷落带。板块构造学说认为，这里是陆块分离的地方，即非洲东部正好处于地幔物质上升流动强烈的地带。在上升流作用下，东非地壳抬升形成高原，上升流向两侧相反方向的分散作用使地壳脆弱部分张裂、断陷而成为裂谷带。张裂的平均速度为每年0.02～0.04米，这一作用至今一直持续不断地进行着，裂谷带仍在不断地向两侧扩展着。由于这里是地壳运动活跃的地带，因而多火山多地震。

📝知识点

东非大裂谷还是一座巨型天然蓄水池，非洲大部分湖泊都集中在这里，大大小小约有三十来个，例如阿贝湖、沙拉湖、图尔卡纳湖、马加迪湖、维多利亚湖、基奥加湖等，属陆地局部凹陷而成的湖泊，湖水较浅。这些湖泊呈长条状展开，顺裂谷带呈串珠状，成为东非高原上的一大美景。

📚延伸阅读

在裂谷带两侧排列着众多火山，其中乞力马扎罗山、肯尼亚山最为有名。乞力马扎罗山位于坦桑尼亚东北部，邻近肯尼亚。它由地下熔岩强烈涌动堆覆的三个圆锥形火山丘组成。主峰基博峰高5963米，是非洲最高山峰，素有"非洲屋脊"之称。山峰雪线在海拔5000米左右，峰顶有一个直径2400米、深200米的火山口。口内冰雪覆盖，宛如巨大的玉盆。由于靠近赤道，气候炎热时，山麓的气温有时高达59℃，而峰顶的气温又常在零下34℃。

●南极"无雪干谷" ————————————————

南极无雪的"死亡之谷"

南极是人类最少涉足的大洲，在那里还有许多现象人们无法解释，"无雪干谷"就是其中最神秘的一个。

在南极洲麦克默多湾的东北部，有三个相连的谷地：维多利亚谷、赖特谷、地拉谷。这段谷地周围是被冰雪覆盖的山岭，但奇怪的是谷地中却异常干燥，既无冰雪，也少有降水，到处都是裸露的岩石和一堆堆海豹等海兽的

骨骸，这里便是"无雪干谷"。走进这里的人都感到一种死亡的气息，于是它又被称为"死亡之谷"。

"无雪干谷"中海豹的兽骨

当科学家探测至此，对于岩石边的兽骨百思不得其解。最近的海岸离这里也得有数十千米，而远一点的海岸则要有上百千米。习惯于在海岸旁边生活的海豹一般情况下不会离开海岸跑这么远，可这些海豹偏偏违背了通常的生活习性来到这里。那么，海豹为什么要远离海岸爬到"无雪干谷"呢？

一些科学家认为，这些海豹来到这里是因为在海岸上迷失了方向。在这个没有冰雪的"无雪干谷"地区，海豹因为缺少可以饮用的水，力气耗尽而没能爬出谷地，最后干渴而死，变成了一堆堆白骨。

由于存在着鲸类自杀的现象，还有一些科学家认为这些海豹跑到"无雪干谷"地区就像鲸类一样是自杀。可是并没有充足的理由证明这是海豹自杀，因而有些科学家认为，这些海豹可能是受到了什么惊吓，在什么东西的驱赶下才到了这里。那么海豹在过去的年代里到底是惧怕什么而慌不择路呢？又是一种什么样的东西将它们驱赶到这里呢？这真令人费解。

"范达湖"深度越大水温越高

新西兰在这个"无雪干谷"的腹地建立起一座考察站，并根据考察站的名字，把考察站旁边的一个湖取名为"范达湖"。一些日本的科学家在1960年实地考察了"无雪干谷"的范达湖，奇异的水温现象使他们感到惊讶，水温在三四米厚的冰层下是0℃左右，水温在15～16米深的地方升到了7.7℃，到了40米以下，水温竟然跟温带地区海水的温度相当，达到了25℃。科学家们对范达湖这种深度越大水温越高的奇怪现象兴奋不已，纷纷来到这里进行考察。对于这种奇异的现象，其中有两种学说颇为盛行，一种是地热说，一种是太阳辐射说。

（1）地热说

罗斯海与范达湖相距50千米，在罗斯海附近有默尔本灿和埃里伯斯两座活火山。前者是一座正处于休眠期的活火山，后者至今仍在喷发。这表明这一带的岩浆活动剧烈，因此会产生很高的地热。在地热的作用下，范达湖就会产生水温上冷下热的现象。然而有很多证据却表明，在无雪干谷地区并没有任何地热活动。这一观点并不足以解释上述现象。

（2）太阳辐射说

在长期的太阳照射下，范达湖积蓄了大量的辐射能。当夏天到来时，强烈的阳光透过冰层和湖水，把湖底、湖壁烘暖了。湖底层的咸水吸收、积蓄了大量剩余阳光中的辐射能，而湖面的冰层则是很好的隔离屏障，阻止了湖内热量的散发，产生一种温室效应。南极热水湖含有丰富的能有效蓄积太阳能的盐溶液，这就是范达湖的温度上冷下热的原因。但有许多人并不同意此种说法。他们认为：南极夏季日照时间虽长，但很少有晴天，因此地面能够吸收到太阳的辐射能很少，再说又有90%以上的辐射能被冰面反射。另外，暖水下沉后必然使整个水层的水温升高，而不可能仅仅使底层的水温升高。这样一来，太阳辐射说的理论似乎又站不住脚了。

（3）最新的论点

虽然南极的夏季少晴天，致使地表只能吸收很少的太阳辐射，但是透明的冰层对太阳光有一定的透射率。这样，靠近表层的冰层会或多或少获得太阳辐射的能量。此外，冬季凛冽的大风会将这一地区的积雪层吹得很薄，而每到夏季，裸露的岩石又使地表能够吸收充足的热量。日积月累，湖水表层及冰层下的温度便有所上升，最后到了融化的程度。

由于底层盐度较高，密度较大，底层不会上升，结果就使高温的特性保留下来。同时，在冬天时表层水有失热现象，底层水则由于上层水层的保

护，失热较少，因而可以保持特别高的水温。据一些科学家的观测记录显示，此说法还是有一定说服力的。

南极神奇的不冻湖

从范达湖往西10千米的地方，有一个叫"汤潘湖"的小湖泊。这个小湖即使在-50℃的时候都不会结冰，真是太奇怪了。汤潘湖的直径约数百米，且湖深只有30厘米。汤潘湖的湖水盐度非常高，如果把一杯湖水泼到地上，很快就会在地面上析出一层薄薄的盐。科学家们对汤潘湖进行了仔细深入的探究，发现湖水就是到了-57℃的时候也不会结冰。这可真是一个名副其实的"不冻湖"。

汤潘湖的湖水为什么不会结冰呢？有人说湖水之所以不结冰，是由于湖里的盐分较高造成的。有人则分析说，汤潘湖在极低的温度下不结冰，除湖水中较高的盐度之外，可能还有另外一个原因，那就是周围的地热作用。

实际上，就是这些林林总总的神秘现象，让人们无法停下探索的脚步，督促着整个人类的科学发展，这一个个难以解释的现象为南极披上了一层层神秘的面纱，吸引着探索者的目光。

📏 知识点

南极洲总面积达1400万平方千米，大部分被冰雪覆盖，从高空俯瞰，南极大陆是一个中部高四周低、形状极像锅盖的高原。这个被形象地称为冰盖的冰层，平均厚度为2000米，最厚的地方可达4800米。大陆的冰盖与周围海洋中的海冰在冬季连为一体，形成一个总面积超过非洲大陆的白色冰原，这时它的面积要超过3300万平方千米。

南极洲

延伸阅读

地热是来自地球内部的一种能量资源。地球上火山喷出的熔岩温度高达1200℃～1300℃，天然温泉的温度大多在60℃以上，有的甚至高达100℃～140℃。这说明地球是一个庞大的热库，蕴藏着巨大的热能。这种热量渗出地表，于是就有了地热。

●纪念谷

世界上最美的日落山谷

纪念谷国家公园位于亚利桑那州与犹他州交界的印第安保留区里。被誉为世界上最美的日落山谷。

纪念谷属于印第安遗址公园，是美国科罗拉多大峡谷景区的一部分。其实，纪念谷并不是一个山谷，而是建筑在一片宽广平地上的风景：红色的孤峰和尖塔耸立着有上百米高。沉积岩层曾经覆盖了整个地区，而这里是最后的遗存。纪念谷是美国西部持久的象征。红色的平顶山矗立在沙漠中，色彩鲜明，主要包括奇特的砂岩地貌，印第安内瓦和部族领域和四州交界纪念碑。纪念谷这里是一片红色的土地，是印第安人保留区，是纳瓦霍人的故乡。和大多数印第安人保留区一样，纪念谷一直都是相当闭塞的穷乡僻壤。

纪念谷的特色

纪念谷的特色是在一片空旷的平野中，有许多经大自然雕琢后造型奇特的岩石耸立其间，都是风化的红砂岩，多为峻峭陡壁，有些风化成柱，成片状，蔚为奇观。

岩石颜色多为深绛红色，形状各异，大小不一，大的如荒原上突然升起

的一片高台，称为Mesa（岩石台地），小的周长大约只有一两百米，称为Butte（孤立的丘）。这些岩石的形状像纪念碑一般，故称"纪念谷"。

纪念谷广阔戈壁上散布着台地、柱突和各种造型，远看像桌面上摆的盆景，近看方知个个庞然大物。"太阳眼"、"风之耳"这些岩洞，光是这些名字就叫人遐思，也许把它们摄入镜头按下快门的瞬间，也体会到印第安人推崇的神圣。

奇丘异石，露天艺术

进入谷底，抬头仰望一座座最高达300米的高台，裸露出岁月和风沙刻下的深深皱褶，带着君临天下的霸气，展现着气宇轩昂的深红；那傲然挺立的孤丘独岭，呈现凌厉倔强的红；千姿百态的石塔尖峰是层次分明的红；优美婉约的石柱则是柔和明丽的红；乃至整片荒漠都散发出红彤彤的光芒，如火如荼。

石壁、石柱、石笋均铆足了劲展现风姿，煞是壮观，仙风道骨的"图腾柱"直径仅数米，高达100多米，在矫阳下展示出翩然的气韵。

看那陡然耸立的红色砂岩被风沙侵蚀得奇形怪状，火一般的红色戈壁上只有一些灰绿色的低等植物散落着，猛烈的骄阳直射下来，寂静的西部戈壁上这群耸立的奇石确实令人感到有一种荒野的力量，一种旷世的悲凉。

知识点

大约5000万～7000万年以前，纪念谷还是一片汪洋大海，后来地壳抬升，海水干涸，厚达数十米的海底沉积层露出地表。风就像如椽巨笔经年雕琢，将沉积层幻化为千姿百态的高台孤丘，组成这座气势磅礴的露天艺术殿堂，凄美得让人心悸。

●人间地狱死谷 ——————————————————————————

死谷的形成

死谷位于美国加利福尼亚州东部内华达山脉东麓沙漠地区，为西北—东南延伸的断层地沟。1849年曾有一队寻找金矿的人因迷路而进入谷底，几经艰险，几乎丧命，后脱险，故称死谷。

死谷构造上属断层地沟。西北—东南走向，长225千米，宽6～26千米。低于海平面的面积达1408平方千米。最低点海拔−85米，是西半球陆地最低点。谷地夏季气候炎热，平均气温52℃，绝对最高气温曾达56.7℃。年降水量不足100毫米。东西两壁断层崖，分别构成阿马戈萨和帕纳明特山脉。登上帕纳明特山脉中的特利斯科普山，可俯瞰死谷全貌。

第四纪冰期后，谷底曾有一个很大的湖泊，后因气候干旱，逐渐干涸而成沙漠。死谷的地质发展极端复杂并涉及多个时期不同形态的断层活动，还有地壳沉降和一些火山活动。死谷基本上是一个地堑，或是裂谷，因东西两侧平行上升的倾斜地块山脉之间的大片岩石沉降而形成。

极端的温度和干旱

死谷的谷底因其极端的温度和干旱而闻名。1913年在荫蔽处测得的最高气温高达57℃，夏季温度经常超过49℃。1996年是有记录以来最热的夏天，49℃的最高温度持续了40天。据报道地面温度曾高达94℃。高温度和低湿度造成了极高的蒸发率。冬季最低温度很少降到0℃以下，有记录的最低温度是9℃。多数降雨被西面的山脉所阻挡，因此死谷极度干燥。

缺水使死谷成为一个荒漠，但绝不是没有生物存在。在浅盐湖里用显微镜可以观察植物，耐盐分的盐浸草、盐草和灯芯草生长在浅盐湖边缘的泉水和沼泽周围。引进的柽柳在一些泉水周围及弗尼斯克里克的栖息地提供了蔽

荫处，但柽柳又抑制了当地植被生长，根除工作正在进行中。牧豆树在含盐较少的水域内生长茂盛。墨西哥三齿拉瑞阿主要在死谷周围的砾石扇形地表生长，海拔最低的地方生长着荒漠冬青。仙人掌在死谷海拔最低的地方极为罕见，但在扇状地形的更北处却生长茂盛。海拔较高的地方长有桧属植物和矮松，春雨过后会有许多种荒漠野花盛开。

夏季期间，因为高温的影响，此地大量上升的暖气流便在谷地的上方形成云团，等到聚集足够的云量便会降雨，雨量大时会造成短暂的骤雨，这样，谷地里的野花和植物就可得到雨水的滋润，它们会开遍整个死亡谷。至于居住在这个地方的动物，除了响尾蛇、蝎子之外，还有一些像沙漠壁虎、小狐狸、大角山羊、老鹰和黄莺等，它们的出没大多集中在日出前或是傍晚时分，选择这个时间因为温度相对较低，方便活动。

死谷中顽强的生命

死谷的动物种类繁多，尽管夜行习性使游客无法看见许多动物。当地有野兔和几种啮齿动物，包括黄鼠、更格卢鼠和沙漠林鼠，啮齿动物所在地，往往就成为丛林狼、狐和红猫的猎物。该地区最大的土生哺乳动物是沙漠大角羊。在死谷周围的山岭中经常能见到小群的大角羊，但它们偶尔也来到谷底。野驴是以前探矿者和矿工丢失或遗弃牲畜的后代，由于繁殖数量太多，过量啃食牧草，以致威胁到其他动物赖以生存的天然植被。1960年，政府开始迁移野驴，后进行捕捉希望能消灭该地野驴。

尽管现在在死谷仅存的鸟似乎只有叫声沙哑、数量很多的渡鸦，但在1890年代对死谷的首次生物调查显示，该地有78种鸟类。现在已知有超过此数目3倍以上的鸟类曾来过或栖居在该地区，走鹃就是当地特别知名的鸟。蜥蜴、蛇和蝎子是常见的动物。在死谷甚至还能发现当地土生的鱼。

死谷中会走动的石头

人们发现这里也有许多石头会"走路",并留下许多足迹,为此引起了许多人的注目和好奇。在过去的一段时间里由17名科学家和大学生组成的探险队在美国宇航局研究人员的领导下向着这个由盐和沙子组成的死亡之谷进军。散乱在这荒漠平原上的石头就是极为普通的白云石并无什么特别之处,是从周边的山上剥落下来的。

死谷炎热、干旱、荒芜,在荒漠上探险是很艰难的,像剃刀刃一样的小石片很容易将轮胎划爆。无情的烈日能烧焦这块只有4.5千米长、2.2千米宽的石头赛道上的任何生命体。

在石头赛道中,10年来一直困惑着科学家们的石头在沙滩上自由运行所留下的痕迹。这种神秘让人感觉是在另一星球上一般,这是美宇航局的科学家布瑞安·杰克逊惊讶的感受。月余的时间这个团块就运行了数百米长的距离——没人可以解释这些石头为什么可以自行移动。

在暴雨的浇注之后水都集聚在近乎平面的石头赛道之上。但是单凭这一点还是无法解释石头运动的行为。美国科学家夏普对这一奇特现象进行了观察研究。他把25块石头按顺序排列并逐个准确标出位置,定期进行测量,果然发现这些石头几乎全部改变了原先的位置。有几块石头竟然爬了几段山坡,"行走"了长达64米的路程。

死 谷

其中有些石头结伴而行，它们在转弯处的曲线几乎是平行的。大多数岩石是走上坡路，其余则是下坡。还有一些石头赛道上的石头不翼而飞。

为什么石头会"飞"

为什么有些石头会平行运行，像是这些石块相互有所联系一般？以及为什么会有另一些相向而行，这风向莫不是并非从同一个方向而来？还有一些甚至留下的是近乎圆形的赛道，像是进入了漩涡风？

通常石头的形状并不影响其运动，无论是其大小还是重量或者地理特点都不对其造成影响，它们是这样的随心所欲，任意漂流。

早在1948年科学家们就开始对这个谜的研究，美国航天局试图找到解决的办法。科学家们了解到这些随意流动的大块儿，并为其等取名为，"卡恩"，这是一块重有320千克的类片状岩石，在一个月里只运行了18米；"黛安"则要快得多，在相同的时间里运行了880米之遥。

知识点

死谷无疑是人间的地狱，但这里是飞禽走兽的"极乐世界"。在这里的300多种鸟类、20余种蛇类、17种蜥蜴，还有1500多头野驴悠然逍遥。它们或飞、或爬、或跑、或卧，好不自在。时至今日，谁也弄不清这条峡谷为何对人类如此凶残，而对动物却是如此仁慈。

延伸阅读

第四纪冰期

第四纪大冰期的全球性冰川活动约从距今200万年前开始直到现在，是地质史上距今最近的一次大冰期。在这次大冰期中，气候变动很大，冰川有多次进退，分别被称为冰期和间冰期。第四纪大冰期比以前的冰期持续时间要短，现在的气候也比历史上很多时期要寒冷，因此第四纪大冰期并未结束。

不可思议的动植物

在地球上生活着许多的动植物，它们生活的样子很神奇。事实上，我们所知道的动植物，不过是生活在地球上的动植物当中极少的一部分。

许许多多的奇特的动物，是很多人闻所未闻的。许许多多动物的奇特本领，是很多人想也想不到的。它们的神奇，它们的秘密，让我们感到兴趣盎然，又迷惑不解。而植物世界，依然大有奇花异草，多有神秘面纱。它们的奇异功能，有的可与动物比试，甚至不比人类逊色。动物植物的神奇，令人大开眼界；动物植物的绝活，使人匪夷所思。

不同种类的动物和千姿百态的植物构成了美丽多彩的大千世界。在亿万年的生物进化过程中，许多种类的生物经历了初始、发展、灭绝的生命演化过程。在地球沧海桑田的变幻中描绘了一幕幕壮丽的生命轮回画卷。

●刀枪不入是"铁木" ─────────────────

反败为胜，神奇战舰作贡献

世界上的木材有软有硬，软的如棉，硬的如铁。人们把坚硬无比的木材喻为"铁木"。"神木"生长在俄罗斯西部沃罗涅日市郊外。说起神木的神奇之处，还得从300多年前发生的一场著名海战说起。

公元1696年，在当时俄国和土耳其交界的亚速海面上，爆发了一场激烈的海战。海面上炮声隆隆，杀声震天。俄国彼得大帝亲自率领的一支舰队，向实力雄厚的土耳其海军舰队发起了进攻。只见硝烟滚滚，火光冲天。当时的战舰都是木制的，交战中，不少木船中弹起火，带着浓烟和烈火，纷纷沉

下海去。由于俄国士兵骁勇善战，土耳其海军慢慢支持不住了。狡猾的土耳其海军在逃跑之前，集中了所有的大炮，向着彼得大帝的指挥舰猛轰。顿时，炮弹像雨点一样落到甲板上，有好几发炮弹直接打中了悬挂信号旗、支持观测台的船桅。土耳其人窃喜，他们满以为这一下定能把指挥舰击沉，俄国人一定会惊惶失措，不战自溃的。不料这些炮弹刚碰到船体就反弹开去，"扑通""扑通"地掉到海里，桅杆连中数弹，竟一点也没有受损！土耳其士兵吓得呆若木鸡，还没有等他们明白过来，俄国船舰就排山倒海般地冲过来，土耳其海军一个个当了俘虏……这场历史上有名的海战使俄国海军的威名传遍了整个欧洲。

船比炮坚，神木是原因

彼得大帝的旗舰为什么不怕土耳其的炮弹？是用什么材料做的？原来，这艘战舰就是用沃罗涅日的神木做成的。神木为什么这么坚固？当时，人们并不知道其中奥秘，只知道这是一种带刺的橡树，木材的剖面呈紫黑色，看上去平平常常的，一点也没有什么出奇之处。这些不起眼的橡树木质坚硬似钢铁，不怕海水泡，也不怕烈火烧。木匠们知道，要加工这种刺橡树木材，得花九牛二虎之力。当年，为了建造彼得大帝的指挥战舰，木匠们不知道使坏了多少把锯子、凿子和刨子。

亚速海战以后，俄国海军打开了通向黑海的大门。彼得大帝把这种神奇的刺橡树封为俄罗斯国宝，还专门派兵日夜守卫着刺橡树森林。沃罗涅日这座远离海洋的内陆城市，也因为生产神木，而以俄国"海军的摇篮"的名分载入了史册。

神木之所以神，胶质是根本

300多年过去了，关于神木的故事一直在民间流传，可谁也解不开其中的谜。

到了20世纪70年代，神木的传说引起了当时苏联著名林学家谢尔盖·尼古拉维奇·戈尔申博士的重视，他决心用现代科学技术来解开神木之谜。

博士要做的第一件事就是测试一下神木的牢度，神木究竟是不是像传说中所描写的那样坚硬呢？为此，他在野地里用刺橡木板圈起很大一个靶场。靶场中央竖起2000多个刺橡木做成的靶子。谢尔盖对着神木靶子发射了几万发子弹，结果只有少数子弹穿透了靶子，绝大多数子弹都被坚硬的神木靶子弹了回来。这个现象使博士非常惊奇，神橡树木果真名不虚传！他取下几根靶上的木纤维，拿到显微镜下观察，结果发现，在木纤维的外面全裹着一层表皮细胞分泌的半透明胶质，这种胶质遇到空气就会变硬，好像一层硬甲。用仪器分析胶质成分，结果表明，胶质中含有铜、铬、钴离子以及一些氯化物等，正是由于这些物质的存在，才使得这种刺橡木坚硬如铁，不怕子弹，不怕虫蛀。

为了测试刺橡木的耐火和耐水性能，博士用刺像木做成了一个大水池，池子内灌满海水，并把各种形状的刺橡木小木块丢进去，将池子封闭好，过了3年，谢尔盖打开了密封的水池，取出小木块。他惊奇地发现，池子里的木块好端端的，一块也没腐烂变形。博士又检查了池壁和池底，那儿的木质也是好端端的，没有损坏。这证实了神木的确不怕海水腐蚀。

另一个项目是测试刺橡木的防火能力。博士把一个刺橡木房屋模型投入炉膛，这时，炉里的温度是300℃。一个小时以后，他打开炉门，模型竟原封不动地出现在他面前。原来，刺橡木分泌的胶质在高温下能生成一层防火层，并分解成一种不会燃烧的气体，它能抑制氧气的助燃作用，使火焰慢慢熄灭！

至此，神木的秘密总算被全部揭开了。神木之所以神，就在于它分泌的胶质。其实，在我国广西沙田柚的故乡——容县，生长着一种硬度不逊于钢铁的树木。这种树木便是有"铁木"之称的铁梨木。

知识点

铁梨木又称格木，或铁木。刚砍伐下来呈红褐色，日子久了便乌黑油亮，光彩夺目。铁梨木本质坚硬，分量极重，长期埋在地下或浸泡水中也不会腐烂变形，因而，铁梨木常被用于打造家具、建筑、造船、桥梁和机械制造。容县著名的真武阁被人称为世界建筑史上的奇迹。这是因为此阁虽然重达数百吨，但不用一钉一铁，而是彻底的铁梨木结构。据史书记载，这里曾经发生过许多次地震，还经历过若干次风暴的袭击，但历经劫难的真武阁却仍然毫发无伤。

延伸阅读

彼得大帝

这是后世对沙皇彼得一世的尊称。彼得一世是俄国罗曼诺夫王朝第四代沙皇，是著名的统帅，1682年即位，1689年掌握实权。作为罗曼诺夫朝仅有的两位"大帝"之一，彼得大帝一般被认为是俄国最杰出的沙皇。他制定的西方化政策是使俄国变成一个强国的主要因素。

●植物流"血"有血型

会流"血"的植物

人有血液，而且动物也有血液，那么植物是否也有血液？有的。在世界上许多地方，都发现了洒"鲜血"和流"血"的树。

我国南方山林的灌木丛里，生长着一种常绿的藤状植物——鸡血藤，总是攀援缠绕在其他树木上。到了夏季，便开出玫瑰色的美丽花朵。当人们用刀子把藤条割断的时候，就会发现，流出的液汁先是红棕色，然后慢慢变成鲜红色，跟鸡血一样，所以叫做鸡血藤。经过化学分析，发现这种"血液"里含有鞣质、还原性糖和树脂等物质，可供药用，有散气、去痛、活血等功用。它的茎皮纤维还可制造人造棉、纸张绳索等，茎叶还可以做灭虫的农药。

南也门的索科特拉岛是世界上最奇异的地方，特别是岛上的植物，更是吸引了世界各地的植物学家。据统计，岛上约有200种植物是世界上任何地方都没有的，其中之一就是"龙血树"。它分泌出一种像血液一样的红色树脂，这种树脂被广泛用于医学与美容。这种树主要生长在这个岛的山区。关于

龙血树

这种树，在当地还流传着一个传说：在很久以前，一条大龙同这里的大象发生了战斗，结果龙受了伤，流出了鲜血，血洒在这种树上，树就有了红色的"血液"。

英国威尔士有一座古建筑物，它的前院耸立着一株已经有700年历史的杉树。这株树高7米多，它有一种奇怪的现象，长年累月流着一种像血液一样的液体，这种液体是从这株树的一条2米多长的天然裂缝中流出来的。这种奇异的现象，每一年都吸引着数以万计的游客。这棵杉树为何流"血"，引起了科学家们的注意。美国华盛顿国家植物园的高级研究员特利教授对这棵树进行了深入研究，也没找到流"血"的原因。

植物流"血"有血型

关于植物的血型，竟是日本一位搞警察工作的人发现的。他的名字叫山本，是日本科学警察研究所法医，第二研究室主任。植物的血型是在偶然一次机会中发现的。一次，有位日本妇女夜间在她的居室死去，警察赶到现场，一时还没有办法确定是自杀还是他杀，便进行血迹化验。经化验死者的血型为O

型，可枕头上的血迹为AB型，于是便怀疑是他杀。但是后来一直未找到凶手作案的其他佐证。这时候有人提出，枕头里的荞麦皮会不会是AB型呢？这句话提醒了山本，他便取来荞麦皮进行化验，果然发现荞麦皮是AB型。

这件事引起了轰动，促进了山本对植物血型的研究。他先后对500多种植物的果实和种子进行观察，并研究了它们的血型，发现苹果、草莓、南瓜、山茶、辛夷等60种植物是O型，珊瑚树等24种植物是B型，李子、葡萄、荞麦、单叶枫等是AB型，但是没找到A型的植物。根据对动物界血型的分析，山本认为，当糖链合成达到一定的长度的时候，它的尖端就会形成血型物质，然后合成就停止了。也就是说血型物质起了一种信号的作用。正是在这时候，才检验出了植物的血型。山本发现，植物的血型物质除了担任植物能量的贮藏物以外，由于本身黏性大，似乎还担负着保护植物体的任务。

人类血型，指的是血液中红细胞细胞膜表面分子结构的型别。植物有体液循环，植物体液也担负着运输养料、排出废物的任务，体液细胞膜表面也有不同分子结构的型别，这就是植物也有血型的秘密所在。

知识点

龙血树，株形极为健美，叶片色彩斑斓，鲜艳美丽。有的品种叶片密生黄色斑点，被人们喜爱地称为星点木，有的品种叶片上有黄色的纵向条纹，能分泌出一种淡淡的香味，人们称它为香龙血树，有的品种叶片上嵌有白色、乳白色、米黄色的条纹，人们又称之为三色龙血树。

延伸阅读

所谓植物的"血"，指的是植物的体液（营养液）。植物的"血型"，实际是由体液中某种细胞的外膜结构的差异决定的。人们说的"植物血型"，不过是通俗的讲法，确切地说或科学地说，应该是"植物体液液型"。研究证实，植物体内存在的"体液液型"是一类带糖基的蛋白质或多糖链，或称凝集素。有的植物的糖基恰好同人体内的血型糖基相似。不同的血型糖决定了不同的血型。

●花非花来花变色 —————————————————

会变色的花儿

人们平常所用棉花不是"花"，其实是"果实"。平常说的棉花是开花后长出的果子成熟时裂开翻出的果子内部的纤维。棉花是离瓣双子叶植物，喜热、好光、耐旱、忌渍，适宜于在疏松深厚土壤中种植。棉花开的花与其他花不同，其他花从小到大都是一个颜色，只是深浅浓淡有些差别，而棉花却一年中几次变换颜色。科学家至今也没有完全解开其中的奥秘。

棉花种在地里，当棉花长到六七片叶子的时候，就出现花蕾，花蕾被三片苞叶包围着，很美丽。棉花现蕾后，经过相当的时间，它的内部逐渐生长发育成花朵，花儿也就慢慢地开放了，花朵的开放一般都在清晨。最有趣的是，花开放后要变换好几次颜色，刚开的花是白色的，不久，逐渐变成浅黄色，到下午开始转为粉红色或红色，到第二天变得更红，甚至带有紫色，最后整个花冠变为灰褐色而从子房上脱落下来，这时子房就开始发育，逐渐膨大，变成棉桃了。正因为棉花的花会变换几次颜色，而棉株上各部分花开放的时间又有先有后，这些花还是白色，那些花已变成红色、紫色……所以看起来，在同一株棉花上，就有几种不同颜色的花了。而不了解这种秘密的人还以为棉花能开不同颜色的花。

花青素促使花儿变色

棉花的花为什么会变颜色呢？科学研究认为，它的花瓣中含有花青素，花青素在酸性的环境条件下呈红色，在碱性的环境条件下呈蓝色。花青素本

来没有颜色的，所以人们亦叫它五色花青素。棉花初开时，花瓣中的色素主要是五色花青素，所以看上去是乳白色。当花开了以后，花青素就慢慢增多，尤其是随着植物的呼吸作用，花瓣中的酸性亦不断增加，这样，使花青素在酸性的环境条件下出现红颜色。人们不禁要问，棉花花中的花青素为什么会逐渐增多呢？科学界普遍认为与太阳光照有关系，在晴天，阳光充足，花的颜色就变得快；可在阴雨天，颜色就变得慢。人们还做过这样的试验，用有颜色的纸盖住棉花花的某一部分，使它不受阳光的照射，几小时后，被盖住的部分颜色就浅。如果有意把花苞叶剥去，使花的基部也能晒到阳光，结果花的基部也照常能够变红色。

花儿变色原因多多

科技人员还发现，花的颜色变化与外界温度高低关系也很大。高温干旱，颜色就变得快，阴天凉爽，花的颜色就变得慢。但是，棉花品种不同，花的颜色也就不一样。如陆地棉和亚洲棉的花是乳白、浅黄到紫红色；海岛棉的花多为柠檬黄到金黄色。此外，人们在棉花育种过程中，还发现了少数野生棉花的花还有其他颜色，而且从开花到花的脱落，变化很小。这就向我们提出了一个新的问题，棉花的花颜色变化，不一定光是酸碱度引起的，可能还与它的先天遗传和其他因素有关。

知识点

棉 花

其植株灌木状，在热带地区栽培可长到6米高，一般为1~2米。花朵乳白色，开花后不久转成深红色然后凋谢，留下绿色小型的蒴果，称为棉铃。棉铃内有棉籽，棉籽上的茸毛从棉籽表皮长出，塞满棉铃内部。棉铃成熟时裂开，露出柔软的纤维。纤维白色至白中带黄，长2~4厘米，含纤维素约87%~90%。

延伸阅读

花青素又称花色素，是自然界一类广泛存在于植物中的水溶性天然色素，属黄酮类化合物，是一种水溶性色素，可以随着细胞液的酸碱度改变颜色。细胞液呈酸性则偏红，细胞液呈碱性则偏蓝。花青素是植物花瓣中的主要呈色物质，水果、蔬菜、花卉等五彩缤纷的颜色大部分与之有关。

● "谋杀亲夫"是惯例 --------------------------

自相残杀，"谋杀亲夫"

螳螂是一种中至大型昆虫，性情残暴好斗，属食肉性动物，有时甚至吃掉自己的同类。尤其是交配时，雌螳螂竟会吃掉自己的丈夫，把丈夫当作腹中食。那么产生这种现象的原因又是什么呢？生物学家们对此现象做了深入的研究，以期待螳螂"谋杀亲夫"之谜得以解开。

螳螂是一种中至大型昆虫，捕食时它们选择食物的范围并不仅仅局限于其他种类的昆虫。它们还自食同类。而且，它们在吃同类的时候，十分泰然自若。那副样子简直和它们吃蝗虫、吃蚱蜢的时候一模一样，仿佛这是天经地义的事情。

雌螳螂甚至还具有食掉配偶的习性。这可真让人吃惊！在吃配偶的时候，雌性的螳螂会咬住"丈夫"的头颈，然后一口一口地吃下去。最后，剩余下来的只是"丈夫"的两片薄薄的翅膀而已。这真让人难以置信。

雄螳螂甘愿为爱殉情吗

为什么螳螂要这样残忍地自相残杀，甚至是谋杀自己的"丈夫"呢？

有人认为，螳螂不仅大吃小，而且雌吃雄，这都属于正常现象，所以人

们称殉情的雄螳螂为
"痴情丈夫"。

螳螂在交配后，雌
螳螂啃食雄螳螂的头
部，然后将身体吃个精
光，说来似乎很残忍，
实则是雌螳螂在交配
后，急需补充大量营
养，来满足腹中卵粒成

螳 螂

型的需要，以及制作将来产卵时用来包缠卵粒的大量胶状物质。

在自然环境里，雌螳螂为了产出饱满的卵，培育出健壮的后代，生理上
所需要的蛋白质，光依靠它所能捕捉到的小虫是远远不够的。至少要吃掉
四五只雄螳螂那么多的蛋白质来"进补"，才能满足它所需要的养分。

不过许多学者不同意这样的说法，因为他们发现，雌螳螂转过头来吃掉
雄螳螂的头及前肢的时候，雄螳螂竟不做任何抵抗，任其肆意吞噬。

那么雄螳螂的这样一种行为真的是自我牺牲吗？当遭到外来的侵犯时，
怎么会坐以待毙？所以有些学者认为，雄螳螂以它的躯体为诱饵，是为了完
成它的基本繁殖任务。

雌螳螂"谋杀亲夫"并非惯例

对雌螳螂"谋杀亲夫"，某些科学家则认为，雌螳螂吃掉雄螳螂的头，
可能只是一种想避免自身被吃掉的反应方式。因为螳螂具有自相残杀的天
性，要是雌螳螂不及时吃掉雄螳螂的话，后者很有可能会被反咬。

还有人从螳螂的猎食性来分析这个问题。他们觉得，在自然界里雌性螳
螂有吃雄螳螂的惯例，可能只是出于螳螂的贪吃。它们可以把任何东西当食

物，是典型的杂食动物，这一点也和人类相似。

最近，德国和美国的科学工作者为了印证法布尔的结论，分别用录像和肉眼观察研究了螳螂从开始求爱到交配完毕的全部过程。经过他们对10多对螳螂的观察记录，发现它们的求爱、交配过程非常复杂，一般都要进行几次，而且持续时间较长，大约需要几个小时，但是却没有发现一只雌螳螂有"杀夫"行为。

这说明法布尔看到的螳螂"杀夫"并不是普遍现象，或者是有的种类具有那种残忍行为，而其他的种类却不具备；或者是那些没有饿着肚子的雌螳螂并不会吃掉自己的丈夫。雌螳螂"谋杀亲夫"这个坏名声，主要归咎于两种分布较广的螳螂：中国大刀螳螂和欧洲螳螂。

"谋杀亲夫"背后的秘密

科技工作者认为，雌螳螂此举的目的是为了刺激雄螳螂射精，并确保精液持续注入其体内。原来，雄螳螂神经系统的抑制中心在头部，一旦它丢掉脑袋，抑制功能也随之失去，精液就会持续流入雌螳螂体内，确保卵子受精。雌螳螂一边交配一边从雄螳螂头部向尾部吃去，一直吃到腹部为止。这时，雌螳螂不仅吃饱了，而且体内卵子也充分受精，可以将获得丰富营养的卵子产下。

近年来，我国的科技工作者经过多年的饲养研究和观察，对雌螳螂"杀夫"之谜有了更新的发现。原来，"杀夫"的重要原因是由于雌螳螂的性器官尚未成熟，而雄螳螂又急于交配所致。雄螳螂与雌螳螂相比性器官成熟早，雌螳螂性器官晚熟，而此时雄螳螂急于交配，雌螳螂就会毫不客气地凶性大发，将雄螳螂作为点心吃掉。如果雌螳螂的性器官成熟了，雄螳螂被吃掉的可能性就大大减少了。

螳螂"谋杀亲夫"引出了许多发生在其身上的不可思议的秘密，也让我们对螳螂有了更深层次的了解，这更加促进了我们对于了解大自然各种奇妙现象的好奇心。

知识点

螳螂形态特异，身体为长形，多为绿色，也有褐色或具有花斑的种类。头部宽阔如三角形，能灵活转动。复眼突出，单眼3个。咀嚼式口器，上颚强劲。前足形似弯月刀，为捕捉足，中、后足适于步行。为了不引起猎物的注意，螳螂有独特的形态，有的宽似绿叶红花，有的细长如竹叶。

延伸阅读

其实，"谋杀亲夫"的案例不仅仅发生在螳螂身上，其他一些昆虫，诸如某些蜘蛛、蟋蟀、蚱蜢、蚊狮等也有类似的现象，不过它们都没有雌螳螂那样性急，而是等到交配完毕之后才将配偶吃掉。

●河蚌产出"观音佛"

河蚌内现观音菩萨

河蚌内长出神态逼真的"观音菩萨"雕像，实属罕见。其形态、神情均栩栩如生，线条清晰可见，犹如用模型铸造一般。它的形成到底出于何因？科学家们对此展开了细致的研究。

河里的河蚌会产出珍珠，这不是什么稀奇事，但是，在我国江西省新余市发现河蚌内长出一尊观音菩萨像，这还真是件怪事，仅此一例。

一天，何先生开车去新余市仙女湖珍珠养殖场装河蚌，运到广东一珍珠生产基地。一车河蚌有大有小，小的占多数。当返回新余时，他随便拿了一只比较大的河蚌带回家准备炒肉吃。于是在第二天，何先生的妻子将河蚌掰开，将里面的肉取出。在她快要取完肉时，突然发现蚌壳上有一个奇怪的东西，当时吓了一跳，心里很纳闷，河蚌内怎么长着这样的怪物？定神一看，原来是一尊形象非常逼真的观音菩萨。他的妻子觉得奇怪，但不知所措，怎么河蚌里会出现观音像呢？她随即打电话给何先生，何先生根本不相信，以为妻子是在逗自己玩呢，跑回家一看，果真如此。

观音菩萨像非常逼真，简直跟用模型铸造的一样，与蚌壳紧密相连，好像是人故意粘上去的。但是不可能，因为它是刚从水中捞起来的、活鲜鲜的河蚌。这尊观音菩萨像还比较大，高有11厘米多，宽有6厘米多，头、手、五官十分清晰，观音菩萨线条清晰可见，其表面比较坚硬，用手一敲，可发出"咚、咚、咚"的声音。

仙女湖的水养育出观音菩萨

有些迷信的人认为这是仙女湖的水显灵了。仙女湖的水真的是"仙水"吗？难道是仙女湖的水养育出观音菩萨？

有人认为观音菩萨可能是由构成珍珠的成分碳酸钙经过湖水侵蚀河蚌塑造而成的。那么，湖水进入到河蚌体内又是通过什么方式、怎么进行塑造的呢？这种说法也不能完全解释河蚌内观音菩萨像的形成原因。

河蚌内生长着一尊活灵活现的观音菩萨，这尊菩萨像到底是怎么产生的，还有待于科学家们进一步研究揭开这层神秘的面纱。

知识点

河　蚌

外形呈椭圆形或卵圆形，壳质薄、易碎。两壳膨胀，后背部有时有后翼。壳顶宽大，略隆起，位于背缘中部或前端。壳面光滑，具同心圆的生长线或从壳顶到腹缘的绿色放射线。胶合部窄，没有牙齿，斧足发达。河蚌大部分能在体内自然形成珍珠，肉供食用。贝壳为中药药材。

延伸阅读

观音菩萨

又作观世音菩萨、观自在菩萨、光世音菩萨等，从字面解释就是"观察（世间民众的）声音"的菩萨，是佛教四大菩萨之一。他相貌端庄慈祥，经常手持净瓶柳枝，具有无量的智慧和神通，大慈大悲，普救人间疾苦。当人们遇到灾难时，只要念其名号，便前往救度，所以称观世音。在佛教中，他是西方极乐世界教主阿弥陀佛座下的上首菩萨，同大势至菩萨一起，是阿弥陀佛身边的协侍菩萨，并称"西方三圣"。

●洄游的鱼类 —————————————————————

鱼类洄游现象

鱼类因生理要求、遗传和外界环境因素等影响，引起周期性的定向往返移动。洄游是鱼类在系统发生过程中形成的一种特征，是鱼类对环境的一种长期适应，它能使种群获得更有利的生存条件，更好地繁衍后代。

鱼类洄游现象早已被人类发现，每年到了一定的季节，鱼类就成群结队地进行洄游，它们游经的路线和群集产卵、索饵、越冬地点就是大好的捕捞场所，形成我们常说的"渔汛"。人们利用这一发现谋取了很多经济利益。

在许多情况下，洄游的鱼类是成群结队的。例如黑海里的鳀鱼，就是著名的例子。成群结队的海鸥，常因饱食了拥挤在海面的鳀鱼而不能飞翔，有时鱼群大量游来，竟使海湾淤塞。100年前，巴拉克拉夫海港，曾因大量鳀鱼拥进，挤得水泄不通，大量的鱼因而闷死腐烂，臭气弥漫，竟然成灾，成了世界奇闻。

科学家们发现，鱼类洄游这一问题越研究越复杂，与研究候鸟迁飞的问题不一样，因为候鸟迁飞可以考虑太阳、星辰、磁场等因素，但鱼类洄游，这些因素并不能很好解释。

鱼类产生洄游的原因

鱼类产生洄游的原因，是由于鱼类本身的生理要求，包括对饵料丰富水域、适宜的产卵地或越冬场所的追求。影响鱼类洄游的环境因子有水流、地形、温度、盐度、水质、光线等，其中水流是对洄游的定向起决定性作用的因子。但是什么原因，使在海中漫游了数年之久的洄游鱼准确地找回到它的故乡呢？

在鱼的世界里，有些鱼类如鲑鱼、鳗鱼和鲱鱼等，就像候鸟一样，在大海里成长，在出生的淡水河流里繁殖。让人费解的是，这些鱼在万里水域中洄游，它们既看不到星星，也无法利用地形目标，它们是怎样辨认出往返的路线呢？这使科学家们大伤脑筋。

例如鲑鱼，它出生在淡水江河里，生长发育却是在遥远的大海里，这段路程足有上千千米，甚至上万千米。它们为了回故乡产卵，不得不穿越一道道激流险滩。当它们回到故乡后一个个已经累得筋疲力尽，产完卵后，就该寿终正寝了。问题是它的洄游不是在短期内，往往需要几年才能返回一次。因为一条鲑鱼在江河里出生后，到大海里生长，需三四年才能够性腺成熟，返回江河里来产卵。事隔这么多年它怎么还能记住洄游

鲑鱼

的路线呢!

一些动物学家从水流、气温、饵料等方面来探讨鱼类洄游的原因。最近由于鱼类"识别外激素"的发现,把这一问题的研究推进了一步。这种物质可以使鱼之间区别同一种类的不同个体。比如母鱼产仔后,就会放出这种物质,幼鱼嗅到后,就会自动待在一定的水域,以利于母亲进行照料和保护;相反,幼鱼也会放出这种物质,以便母亲相认。有人分析,会不会在鱼类出生的地方有着某种特异的气味,把千里以外的鱼吸引回来呢?

但令人不解的是,这种气味能存在三四年吗?它们洄游有海路也有江河,难道这种气味就不发生变化吗?因此有人猜测,除了这种"识别外激素"之外,还应有一种东西作用于鱼类的洄游。那么,这种东西是什么呢?相信终有一天会有答案的。

知识点

鱼类洄游分为多种,按洄游的动力,可分为被动洄游和主动洄游;按洄游的方向,可分为向陆洄游和离陆洄游、降河(海)洄游和溯河洄游等。根据生命活动过程中的作用可划分为生殖洄游、索饵洄游和越冬洄游。这三种洄游共同组成鱼类的洄游周期。

延伸阅读

渔 汛

海洋渔业中指某种鱼类或其他水生动物在某一水域高度密集,有利于大量捕捞的时期。因鱼类和其他水生动物由于生理、遗传以及外界环境因素,形成有规律的产卵、洄游、密集滞留而形成。以其出现的季节不同,有春汛、冬汛之分。